역사저널

그날

고려 편

4

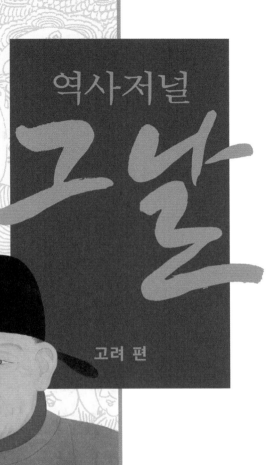

역사저널
그날

고려 편

4

충렬왕에서 최영까지

KBS 역사저널 그날 제작팀

민음사

고려는 어떤 나라였을까? 조선보다 훨씬 덜 알려져 있고, 더 오래전의 신라보다도 오히려 덜 알려진, 미지의 나라가 아닐까? 하지만 고려는 우리 역사상 두 번째 통일의 경험을 가지고 있으며, 다양성과 개방성이 살아 있어 오늘날 우리가 배울 점이 있는 나라였다. 지방 사람들이 세운 나라였고, 화려한 귀족 문화가 발전한 나라였으며, 불교와 유교가 공존한 나라였고, 넓은 세상과 교류한 나라였다. 그 수명은 조선과 엇비슷한 475년이었다. 이런 고려를 미지의 상태로 남겨 둔다면 우리의 한국사 지식은 불완전할 수밖에 없다.

KBS의 「역사저널 그날」은 2013년 10월에 첫 방송을 시작한 이래 역사적 사건의 계기가 된 '그날'을 얘깃거리 삼아 역사의 재미와 의미를 함께 전달하는 프로그램으로 자리를 잡아 왔다. 그리고 방송의 성공에 힘입어 2016년 한 해 동안 새로운 도전에 나섰다. 고려의 역사를 처음부터 끝까지 다루기로 한 것이다. 시청자들에게 생소한 내용을 방송에서 다룬다는 것이 결코 쉬운 일이 아니었지만, 그해 3월 27일의 제117회 방송에서 시작해 12월 4일의 제149회 방송으로 마무리하면서 고려사를 완주했다. 미지의 역사에 대한 시청자들의 뜨거운 관심, 그리고 한국사 지식의 공백을 메우고자 한 제작팀의 열의가 낳은 결과였다. 그렇게 방송된 내용을 다시 한번 정리하여 네 권의 책으로 내놓게 되었다.

『역사저널 그날』 고려 편의 제4권은 충렬왕이 몽골 공주와 결혼한 1274년의 그날에서 시작해 이성계가 위화도회군으로 권력을 잡는 1388년의 그날까지 100여 년의 역사를 다룬다. 고려와 몽골이 강화한 1259년에서 공민왕이 원 세력을 몰아낸 1356년까지의 98년간을 흔히 '원 간섭기'라고 한다. 그리고 공민왕의 반원(反元) 운동이 성공한 1356년 이후 수십 년간은 고려 왕조를 재정비할지, 새로운 왕조를 세울지를 둘러싸고 치열한 싸움이 벌어졌다. 그 결과 이성계가 우왕을 폐위하고 최영을 처형함으로써 고려 왕조의 명운은 사실상 다했다. 따라서 이 책은 원 간섭기에서 고려 멸망까지의 역사를 다룬다.

고려와 원의 관계는 한 마디로 '독특'했다고 표현할 수 있다. 대륙 왕조와의 기나긴 관계 속에서도 독특했고, 몽골 제국을 중심으로 하는 13~14세기의 세계 속에서도 독특했다. 이 두 가지 독특함을 잘 보여 주는 것이 고려 왕실과 원 황실 사이의 혼인이다. 고려 태자가 쿠빌라이 칸의 딸과 결혼한 이후 고려의 왕들은 거의 모두 원의 공주와 결혼했다. 국가 간의 혼인은 한중 관계사에서 이때가 유일하고, 몽골 제국 내에서는 고려가 유일한 사례였다. '충렬왕, 몽골 공주와 혼인하다'는 그 시작이 된 충렬왕의 결혼 이야기로 꾸몄다.

'충선왕, 아버지의 왕위를 빼앗다'는 부자간의 왕위 다툼, 고려 정치에 미친 원의 영향력, 원의 간섭 아래서도 시도되었던 개혁 정치 등을 다루었다. 충선왕의 아버지 충렬왕은 원의 간섭을 줄이고 고려의 독립성을 지키는 데 어느 정도 성공했지만, 그 과정에서 강화된 측근 세력들의 불법행위가 정치를 파행시키고 민생을 위협하기에 이르렀다. 충선왕은 측근 정치의 폐해를 개혁하고자 했으나, 개혁의 동력을 원의 후원에서 구함으로써 원의 개입을 자초했다. 충렬왕과 충선왕의 정치 노선은 둘 다 한계를 가지고 있었다.

'기황후, 공민왕을 세우다'와 '노비의 아들 신돈, 공민왕의 사부가 되다'는 공민왕의 개혁 정치를 다룬다. 14세기 전반에는 성리학이 수용되고 신흥 사대부가 출현했다. 성리학으로 무장한 신흥 사대부는 공민왕의 개혁에 동참했고, 고려 말에 이르러 조선 건국의 주역이 되었다. 따라서 공민왕의 반원 운동과 신돈의 개혁을 읽을 때는 신흥 사대부의 움직임에 주목해야 한다.

'이인임, 공민왕 시해 사건을 수사하다'는 공민왕이 시해되면서 개혁이 좌절되고 이인임이 권력을 장악하는 것으로 시작한다. 우왕이 즉위하고 나서는 개혁의 성과가 부정되는 암흑기가 이어졌는데, 그 핵심에 이인임이 있었다. 여기서는 결과적으로 고려를 망하게 한, 고려 역사상 가장 나쁜 정치를 보게 될 것이며, 이인임에게 협력했던 최영의 다른 모습도 만나게 될 것이다.

이인임의 독주로 암흑기에 빠져든 가운데 밖으로부터 강한 충격이 더해졌다. 왜구가 고려를 침략했던 것이다. 왜구는 고려뿐 아니라 중국의 해안까지 침략해 원의 쇠퇴를 확실하게 증명함으로써 원 중심의 동아시아 국제 질서가 붕괴되는 데 일조했다. '왜구 침공: 고려, 계엄을 선포하다'는 왜구로 인한 고려의 피해상과 왜구를 격퇴하기 위해 기울인 혼신의 노력을 다루었다.

왜구와 싸우면서 최영과 이성계 같은 명장들이 영웅으로 떠올랐다. 이

두 사람은 힘을 합쳐 이인임 정권을 무너뜨렸지만, 곧 대립하기 시작했다. 신흥 사대부의 편에 서서 개혁을 지지한 이성계와 그에 반대한 최영의 대립이었다. 결국 명의 철령위 설치가 발단이 된 요동 정벌 도중에 이성계가 위화도에서 회군해 권력을 잡고 최영을 제거하면서 조선 건국 작업이 시작되었다. '최영, 이성계와 손을 잡다'는 최영과 이성계의 협력과 대립을 소재로 고려 멸망을 다루었다. 이로써 475년간 지속된 고려의 이야기가 대미를 장식한다.

필자는 「역사저널 그날」의 고려 편 방송에 빠짐없이 출연하면서 주제 설정에서부터 구체적인 사실 체크까지, 프로그램을 제작하는 데 많은 정성을 쏟았다. 고려 시대사 연구자로서 고려를 더는 미지의 역사로 남겨 두어서는 안 되겠다는 생각 때문이었다. 채 1년이 못 되는 방송 기간이 고려 시대의 역사를 제대로 전달하기에는 충분치 못했으나, 조선과는 다른 500년의 전통이 있음을 알리는 데는 성공했으리라고 믿는다. 마침 지난 2018년은 고려가 건국된 지 1100년이 되는 해여서 많은 기념행사가 있었다. 이 책의 간행을 계기로 고려사에 대한 관심과 애정이 다시 한번 일어나기를 바란다. 그뿐 아니라 고려가 가지고 있던 다양성과 개방성의 전통을 오늘날 되살릴 수 있으면 더욱 좋겠다고 생각한다.

「역사저널 그날」에 패널로 함께 출연했던 류근, 이윤석, 이해영, 최태성 등 여러분과 최원정 아나운서에게 감사드린다. 이분들 덕분에 낯선 고려의 역사를 친숙하게 전달할 수 있었다. 또한 김종석 책임 피디를 비롯한 황범하, 정병권, 이내규, 최지원, 이승하, 김종서 등 피디들과 김세연, 최지희, 김나경, 한선보, 김서경 등 작가들에게도 감사드린다. 이분들이야말로 이 프로그램의 막후에서 활약한 주인공들이었다. 아울러 「역사저널 그날」 고려 편 방송을 모두 함께하면서 고려와 조선을 놓고 갑론을박하며 이야기의 중심을 잡아 준 신병주 교수에게 특별히 고마움을 전한다. 마지막으로 그 누구보다 「역사저널 그날」을 사랑해 주신 시청자분들께 감사드린다. 그때의 재미와 감동이 이 책을 통해 다시 한번 되살아나기를 기대한다.

서울시립대학교 국사학과 교수
이익주

차례

서문 **또 하나의 전통, 고려 500년의 '그날'을 찾아서**   5

1 충렬왕, 몽골 공주와 혼인하다   11

고려, 몽골의 부마국이 되다·고려 뉴스: 고려 태자, 몽골 공주와 혼인하다·
고려와 몽골이 통혼한 이유·고려의 새로운 권력자, 제국대장공주·왕비에
게 매를 맞은 왕·몽골 황실과의 혼인으로 달라진 고려·충렬왕의 측근 정
치·세조구제·제국대장공주 다시 보기·제국대장공주의 죽음과 충렬왕

2 충선왕, 아버지의 왕위를 빼앗다   41

아버지와 아들의 갈등·고려 최초의 혼혈 왕자 충선왕·충선왕, 아버지의
여인을 처단하다·충렬왕, 왕위를 내려놓다·고려 연예가중계: 왕실 스캔들,
조비 무고 사건·조비 무고 사건의 결말·충선왕의 개혁·고려 연예가중계:
계국대장공주 개가 사건·계국대장공주의 개가 시도, 그 결과는?·충렬왕의
죽음과 충선왕의 복위·원에 머문 충선왕·충선왕의 선택·충선왕의 말년

3 기황후, 공민왕을 세우다   75

공민왕과 기황후, 승자는 누가 될 것인가?·세기의 대결: 공민왕 대 기황
후·기황후의 숨겨진 과거?·기황후가 원의 황후가 된 비결은?·기황후, 공
민왕을 세우다·조일신의 난은 왜 일어났나?·고려 공민왕의 1353년 신년
사·공민왕이 기황후에게 납작 엎드린 사연·공민왕의 반격·공민왕의 개혁
과 기황후의 반응?·공민왕 암살을 시도한 범인은 누구?·고려 뉴스 속보:
공민왕 폐위되나?·기황후의 복수전, 사실인가?·공민왕 대 기황후: 전투
결과 공개·기황후의 최후

4 노비의 아들 신돈, 공민왕의 사부가 되다   109

공민왕의 꿈·신돈, 공민왕에게 발탁되다·고려 청문회·공민왕이 신돈을
선택한 이유·신돈의 개혁 정치, 고려를 바꾸다·고려 뉴스: 신돈 암살 모
의·신돈, 공민왕의 정치적 아바타?·공민왕, 신돈을 버리다·반야의 아들
모니노의 아버지는 누구?·모니노의 아버지는 신돈?·신돈에 대한 평가

5 이인임, 공민왕 시해 사건을 수사하다   141

이인임, 공민왕 시해 사건의 범인을 잡다 · 이인임, 우왕을 옹립하다 · 이인임, 최영과 손잡다 · 고려 뉴스: 명 사신 피살 · 이인임의 위기: 명 사신 피살 사건 · 고려 뉴스: 이인임, 북원 사신 영접 추진 · 이인임, 사대부들을 숙청하다 · 의외의 복병, 우왕 · 우왕의 좌절 · 그날 초대석: 우왕을 만나다 · 이인임의 국정 농단 · 이인임 · 최영 연립 정권의 붕괴 · 이인임이 고려에 미친 영향

6 왜구 침공: 고려, 계엄을 선포하다   171

고려 뉴스 속보: 왜구, 교동도까지 침입하다 · 왜구 침공! 계엄 선포 · 왜구란? · 왜구가 침입한 이유 · 왜구의 침입 역사와 규모 · 14세기에 왜구가 기승을 부린 이유 · 왜구 침공 상황실: 왜구의 횡포와 만행 · 왜구 침입에 따른 피해 상황 · 왜구 침입에 대한 고려의 대응 · 홍산대첩: 최영의 활약 · 왜구 침공 상황실: 침입 양상의 변화 · 왜구의 숨은 의도? · 진포대첩의 승리 비결: 최무선의 화포 · 왜구 침공 상황실: 황산대첩, 이성계의 등장 · 이성계의 신궁 신화 · 황산대첩의 승리와 이성계의 명성 · 쓰시마 정벌 · 왜구가 동북아시아에 미친 영향

7 최영, 이성계와 손을 잡다   209

최영, 이성계와 손을 잡다 · 이성계가 최영과 손잡은 이유는? · 명의 철령 이북 땅 요구 · 그날 토론: 요동 정벌, 필요한가? · 최영과 이성계, 대립하다! · 고려 뉴스: 이성계, 위화도회군 결정 · 위화도회군, 이성계는 왜? · 위화도회군, 최영의 패착 · 위화도회군, 이성계와 신진 사대부의 합작품? · 이성계, 최영을 체포하다! · 명의 철령 이북 땅 요구, 그 결과는? · 최영의 마지막 · 역사의 승자와 패자, 그 결정적 이유

주   247

이 책에 도움을 주신 분들   249

일러두기

· 이 책의 본문은 KBS 「역사저널 그날」의 방송 영상과 대본, 방송 준비용 각종 자료 등을 바탕으로 하되, 책의 형태에 맞도록 대폭 수정하고 사료나 주석, 그림을 보충하여 구성했다.

· 각 장의 도입부에 있는 '그날을 만나면서'는 이익주(서울시립대학교 국사학과)가 집필했다.

· 본문에서 인용한 사료는 『고려사』와 『고려사절요』 등을 바탕으로 하되, 본문의 맥락에 맞게 일부 축약·수정하였다. 원본 사료는 국사편찬위원회의 '한국사 데이터베이스' 홈페이지(db.history.go.kr)나 한국고전번역원의 '한국 고전 종합 DB'(db.itkc.or.kr) 등을 통해 확인할 수 있다.

· 사료에 표시된 날짜는 해당 문헌에 쓰인 날짜이다. 사료들의 날짜는 주로 양력이 아니라 음력이다.

· 이 책의 14, 37, 45, 68쪽 배경에 사용된 그림은 일러스트레이터 잠산의 작품이며, 131, 190, 195쪽 배경에 사용된 그림은 일러스트레이터 붓질의 작품이다.

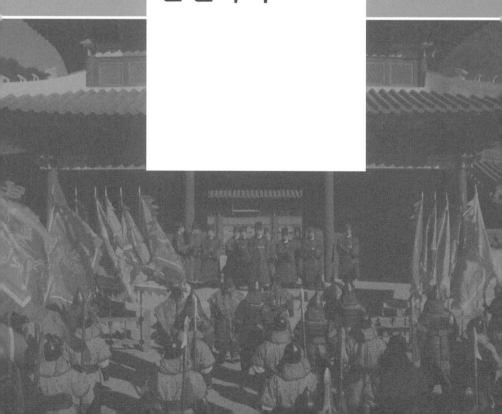

1

충렬왕,
몽골 공주와
혼인하다

임연에 의해 폐위되었다가 복위한 원종이 몽골에 가서 군대를 요청하고 혼인을 제의했을 때, 몽골은 군대는 바로 내주었지만 혼인은 망설였던 것 같다. 쿠빌라이 칸은 결혼하지 않은 딸이 없다고 하며 일단 거절했지만, 결혼 문제는 뒤에 따로 논의하자고 해서 여지를 남겼다. 아마도 고려가 원 황실과 혼인할 상대로 적합한지 따져 볼 시간이 필요했을 것이다. 원종이 무신 정권을 붕괴시키고 개경으로 환도한 뒤 1271년 1월에 다시 청혼하자 몽골은 10월에야 수락한다는 뜻을 전해 왔고, 그로부터 다시 3년이 지난 1274년 5월에야 혼인이 성사되었다. 그동안에 삼별초의 반란이 진행되었으므로 몽골은 고려의 왕권이 온전하게 회복될 때까지 기다렸다고 할 수 있다.

고려 태자의 결혼 상대는 쿠빌라이 칸의 친딸인 쿠틀룩켈미시(제국대장공주)였다. 쿠빌라이의 부마 가운데 유일하게 몽골인이 아닌, 외국인 사위였다. 그뿐 아니라 이 혼인을 시작으로 고려국왕들은 대대로 몽골 공주와 결혼해 부마가 되었다. 그 때문에 부마·고려국왕이라는 호칭이 생겼고, 고려는 몽골 제국 안에서 독특한 위상을 갖게 되었다. 또한 혼인의 결과로 왕자가 태어남으로써 고려 왕실에 몽골의 피가 섞였으며, 몽골 문화가 왕실을 통해 고려로 침투해 들어왔다.

원종에 이어 즉위한 태자, 즉 충렬왕은 부마의 지위를 활용해 외교적 이익을 추구했다. 1278년에 몽골에 가서 쿠빌라이 칸을 직접 만나 담판을 벌인 것이 대표적이다. 그 자리에서 충렬왕은 몽골의 다루가치 배치와 호구조사 요구를 철회하게 하는 데 성공했다. 이 두 가지는 몽골이 오랫동안 요구해 왔던 '6사'의 핵심 조항으로, 원종이 몽골의 도움으로 복위하고 무신 정권을 무너뜨린 뒤 거의 실현 단계에 있었다. 따라서 충렬왕의 외교적 성공은 고려의 오랜 숙원을 해결한 것이었고, 이후 고려와 몽골의 관계는 '6사'의 핵심이 배제된 가운데 책봉-조공 관계를 기본으로 하게 되었다.

그 밖에도 충렬왕과 쿠빌라이 칸의 1278년 만남에서는 고려에 주둔한 몽골군이 철수하고, 홍차구처럼 몽골에 의지해 고려와 대립하던 사람을 모두 축출하는 성과가 있었다. 이후로는 고려에 몽골 관리나 군대가 상주하지 않게 되었다. 이렇게 해서 고려의 독립성을 보장받았는데, 뒷날 이를 세조의 옛 제도라는 뜻에서 '세조구제'로 불렀고, 고려의 독립성을 주장하는 근거로 이용했다. 이러한 성과를 거두는 데는 부마에 대한 쿠빌라이의 신임이 크게 작용했다고 할 수 있다.

한편 충렬왕과 제국대장공주의 사이는 그다지 좋지 않았던 것으로 알려져 있다. 하지만 사적인 부부 관계와 혼인의 정치적 의미는 분명 달랐다. 몽골 공주 출신 왕비의 존재만으로도 충렬왕은 부마의 지위를 유지하고 외교 활동을 펼칠 수 있었을 뿐 아니라, 국내에서 왕권도 강화할 수 있었다. 물론 충선왕처럼 몽골 공주 출신 왕비와의 불화 때문에 왕위에서 쫓겨난 경우도 있지만, 공민왕의 비 노국대장공주에 이르기까지 몽골 공주들은 고려국왕과 한편이 되어 왕권을 보호하는 역할을 했다.

그런데 고려국왕과 부마를 겸한다면 문제가 있다. 국왕과 부마 중에 어느 쪽으로 기우느냐에 따라 고려의 지위가 아주 달라지는데, 국왕이라면 독립된 국가가 되고, 부마라면 몽골 부마에게 분봉된 영지가 된다. 하지만 이에 관해서는 당시에 몽골에서 고려를 국가로 정의한 사례가 있는 것에 주목할 필요가 있다. 1310년에 고려로 전달된 원 무종(카이샨)의 문서에 "지금 천하에 백성과 사직이 있어 왕 노릇을 하는 것은 오직 삼한뿐이다."라고 한 것이 그것이다. 그 밖에도 고려국왕을 '일국의 군주'라거나 '외국의 군주'로 표현한 예도 있다. 따라서 부마의 지위가 국왕의 지위를 부정하지 않으며, 고려는 몽골 부마의 영지가 아니라 독립된 국가였음은 의심할 여지가 없다.

충렬왕, 몽골 공주와 혼인하다

1270년, 고려 원종은 태자 왕심을
몽골 공주와 혼인시키기 위해
쿠빌라이 칸에게 청혼한다.

확답을 얻지 못한 원종은 태자를 몽골로 보내
다시 한번 정식으로 청혼 표문을 올린다.

결국 청혼한 지 4년 만에 태자 왕심은
제국대장공주와 혼인하게 되었다.

훗날 충렬왕이 될 태자는 39세,
제국대장공주는 17세였다.

고려 왕실과 몽골 황실 사이에
최초로 성사된 혼인이었다.

고려, 몽골의 부마국이 되다

최원정   고려 충렬왕이 몽골 공주와 혼인했습니다. 두 사람의 결합이기는 하지만, 고려 황실과 몽골 황실 사이에 있었던 최초의 통혼인 만큼 두 나라 관계에 아주 중요한 사건으로 볼 수 있겠네요.

이윤석   근데 저는 몽골 공주와 결혼했다고 하면 제일 먼저 공민왕이 생각나요. 공민왕이 그렇게 사랑했다고 하는 노국대장공주가 제일 먼저 생각나는데, 충렬왕과 제국대장공주는 처음 들어 봅니다. 근데 이 두 사람이 오히려 고려와 몽골 사이에 이루어진 통혼의 시초이자 원조였네요.

이익주   원종이 임연에게 폐위당했을 때, 태자가 마침 몽골에 가 있었습니다. 그래서 고려로 돌아오는 길에 아버지가 폐위된 사실을 알고는 발길을 멈추고 몽골로 되돌아가 쿠빌라이 칸에게 원종이 폐위당했다는 소식을 알리고 도움을 요청하죠. 어떻게 보면 상당한 정치력을 발휘했던 사람입니다. 게다가 제국대장공주와 혼인할 때 태자의 나이가 마흔에 가까웠기 때문에 이 정략결혼의 의미가 무엇인지를 너무나도 잘 알았을 겁니다.

이윤석   혼인할 때 나이가 태자는 정확하게 서른아홉 살이고, 제국대장공주가 열일곱 살이에요. 나이 차이가 적지 않아요. 태자가 정말 몽골 공주에게 장가가고 싶었던 거 같아요. 아주 늦게까지 혼인을 미루었잖아요. 그런데 서른아홉이면 당시 기준으로 매우 늦은 나이 아닙니까?

신병주   "나는 몽골 공주와 결혼해야겠어." 하고 이때까지 결혼을 안 한 게 아닙니다. 정화궁주라는 고려인 왕비와 혼인한 지 이미 14년이 되었을 때니까 자녀들도 있었습니다.

최태성   이 혼인을 고려 조정의 일방적인 요청으로 보긴 좀 어려운 면도 있어요. 원종이 뜬금없이 청혼한건 아닙니다. 사실은 몽골이 먼

사냥에 나선 쿠빌라이 칸

저 떡밥을 던졌다고 볼 수도 있죠. 청혼하기 전인 1269년에 고려에 온 몽골 사신이 아주 의미심장한 발언을 합니다. 원종이 몽골 사신에게 상석에 앉으라고 권하니까 몽골 사신이 이렇게 얘기합니다. "대칸께서 공주님과 고려 태자의 혼인을 약속하셨으니 대등한 예로 대면할 수 없습니다."†

류근 그러면 공식 문서가 오가기 전에 이미 혼담이 있었다는 뜻이네요? 그렇죠?

이윤석 제가 보기에는 몽골 사신이 청혼하라고 원종의 옆구리를 쿡쿡 찌르면서 눈치를 준 느낌이에요. 그래서 그것만 믿고 혼담을 넣었더니 "무슨 말씀이세요?"라는 분위기예요. '밀당' 같기도 하고요.

신병주 이렇게 몽골 쪽에서 먼저 어느 정도 자기들의 의중을 비추었고, 그래서 1270년 2월에 고려 쪽에서 원종이 나서서 청혼합니다. 그러다가 삼별초의 항쟁 같은 여러 상황 때문에 여러 차례 미루어져 결국은 1274년 5월에 혼인이 성사되거든요. 4년이 걸렸어요. 그러니까 충렬왕의 정신력이 매우 강한 거예요. 보통 같으면 기다리다 지칠 법도 한데, 꾹꾹 참은 거죠. 상당히 범상치 않은 인물이라고 할 수 있습니다.

최원정 기록상으로 처음 말이 나올 때부터 계산하면 무려 5년간을 밀고 당겼다는 얘긴데, 그 사이에 또 많은 일이 있었다고 합니다. 심층 취재로 그 이야기를 들어 보겠습니다.

> † 왕이 흑적 등에게 잔치를 열었는데 흑적 등을 윗자리에 앉게 하자 흑적이 사양하면서 말하기를, "지금 왕태자께서 이미 황제의 딸과 혼인을 허락받았습니다. 우리는 황제의 신하이고 국왕께서는 황제의 부마 대왕의 부친이신데 어찌 감히 대등한 예로 대면하겠습니까? 국왕께서 서쪽을 향해 앉으시면 저희는 북쪽을 향해 앉을 것이고, 국왕께서 남쪽을 향해 앉으시면 저희는 동쪽을 향해 앉겠습니다."라고 하였다.
> ─ 『고려사』 「세가」 원종 10년(1269) 11월 22일

고려 뉴스: 고려 태자, 몽골 공주와 혼인하다

이광용 고려 태자와 몽골 공주의 혼인에 얽힌 사실관계를 아주 자세히 구체적으로 심층 취재를 해 보겠습니다. 무엇보다도 결혼 당사자인 태자 왕심과 이야기를 나눠 봐야겠죠? 태자님, 나와 주세요.

태자 안녕하시오. 고려의 태자 왕심이오. 훗날 충렬왕이 됩니다. 먼

저 나의 아버지 원종께서 몽골에 올린 혼인 요청문을 읽어 보겠소. "우리나라가 귀국에 청혼한 것은 영원히 좋은 인연을 맺자는 것이지만, 분수에 넘는 짓일까 두려워 오랫동안 마음을 털어놓지 못했습니다. 엎드려 바라옵건대 공주를 태자에게 내려 주셔서 혼례를 성사시켜 주신다면 우리나라는 만세토록 성실히 제후로서의 의무를 다하겠나이다."

이광용　우와, 거창한데요. 이런 글을 원종께서 올리시니 쿠빌라이 칸께서는 뭐라고 하시던가요?

태자　별 반응이 없습니다. 이를테면 "지금 혼인 얘기를 꺼내는 것은 적절치 않다. 짐은 혼인하지 않은 여식이 없다. 나중에 사신을 보내 정식으로 청하면 그때 형제들과 의논해 결정하겠다."라는 식인데, 뭐 곧 허락해 주실 거라고 믿소.

이광용　아니, 잠깐만요. 그럼 그냥 넋 놓고 가만히 기다려야 한다는 얘긴가요?

태자　그건 아니지. 이럴 때일수록 우리 쪽에서는 강하게 나가야 해요. 그래서 나의 아버지 원종께서는 1270년 8월에 나에게 몽골로 가라고 명하셨소.† 그러면 난 몽골로 가 보겠소.

이광용　하긴 글만 보내고 청하는 것보다는 직접 가서 얼굴도 보여 주는 게 백번 낫죠. 잘 다녀오십시오. 한편 원종은 1271년 1월에 다시 한번 몽골에 혼인을 청하는 표문을 보냅니다. 이번엔 제가 한번 읽어 드리겠습니다. "폐하께서 너무 서둔다고 여기실까 우려한 나머지 미처 아뢰지 못하고 미루어 두었던 것입니다. 엎드려 바라옵건대 소원한 나라를 친밀히 하는 은덕을 베푸시어 길이 보호를 받는 영광을 누리게 하소서."

류근　오, 이번 편지가 더 구구절절하지 않습니까? 저 정도면 몽골에서도 설득당할 법한 거 같은데, 어떻습니까?

이광용   정확한 예감이십니다. 그렇습니다. 박수를 칠 일인지 아닌지 일단 모르겠습니다만, 쿠빌라이 칸이 드디어 혼인을 허락했습니다. 그런데 말로만 혼인을 허락하고 입을 싹 씻은 듯한 느낌이 약간 듭니다. 혼례는 정작 올리지는 않았거든요. 그렇게 세월은 허무하게 계속 지나가고, 그 사이에 태자는 고려와 몽골 두 나라를 오가는 상황에 놓입니다. 어? 저 행렬은 몽골에서 고려로 귀국하는 태자의 행렬인 거 같은데요. 드디어 태자의 모습이 보입니다. 아, 그런데 잠깐만요. 저 복장이 뭐죠? 아니, 옷이 왜 이래요?

태자   내가 누구요? 몽골 쿠빌라이 칸의 사위가 될 사람이오. 이 정도는 입어 줘야 '몽골 물 좀 먹었구나.'하고 생각할 거 아닙니까? 여기에 계신 분들 스타일이 너무 구식이에요. 다음에 만날 때는 다들 변발하고 호복을 입으세요.

이광용   근데 혼인은 아직 안 한 거잖아요?

태자   그건 그렇지만, 기다림 끝에 낙이 올 것으로 믿고 있소.

이광용   어? 그런데 대화를 나누다 보니까 어느새 시간이 벌써 이렇게 흘렀네요.

태자   금세 1274년이 되었구료! 드디어 내가 몽골 쿠빌라이 칸의 딸과 혼인하는 데 성공했소! 공주의 정확한 이름은 몽골식 발음으로는 쿠틀룩켈미시요. 여러분이 잘 아는 제국대장공주라는 이름은 작위 이름이오.

이광용   혼인이 성사되기까지 걸린 시간을 따져 보면 공식으로 청혼한 뒤로는 4년간, 비공식적으로 혼담이 오간 것으로 따져 보면 5년간이나 '밀당'이 이어졌습니다. 근데 생각해 보면 '밀당'도 아니에요. 태자 쪽에서 계속 당기기만 했잖아요.

태자   어쨌거나 아버지와 내가 정말 엄청 고생했소. 고려 황실과 몽

골 황실이 처음으로 통혼하는 건데, 원래 처음은 다 힘들지 않
소? 하지만 이제 드디어 혼인했으니 다 잘되었소. 그럼 나는
가 보겠소.

이광용 뭐가 저렇게 좋을까요? 아까 보셨습니다만, 혼인도 하기 전
에 태자가 변발에 호복을 하고 나타나는 것을 본 고려의 백성
들은 통곡하고 맙니다. 그런데 태자 왕심의 놀라운 변신은 이
게 끝이 아니었습니다. 혼인한 직후에 아버지 원종이 사망하
자 왕위에 올라 충렬왕이 되는데, 몽골에서 오는 제국대장공
주를 맞이하기 위해 서북면까지 직접 갑니다. 그런데 일행 중
에 변발하지 않은 자들이 있자 그들을 동행에서 제외해 버립
니다.‡ 그 때문인지 이때부터 고려의 관리들이 본격적으로 변
발하기 시작하죠. 충렬왕은 꼭 이렇게까지 해야 했을까요?

> † (왕이) 세자 왕심을 몽골로 보내 배중손이 반란한 상황을 보고하는 표문을 올
> 리고 황제의 생일을 축하하게 하였는데, 추밀원부사(樞密院副使) 원부와 상장
> 군 송송례, 중승(中丞) 홍문계가 수행하였다.
> ─『고려사』「세가」 원종 11년(1270) 8월 1일

> ‡ 왕이 서북면으로 행차하여 공주를 맞이하는데, (……) 이분희 등이 변발[開剃]
> 을 하지 않았다고 책망하였다. (……) 수행하던 신하들을 용천역(龍泉驛)에 남겨
> 두고 변발한 대장군 박구 등만을 데리고 행차하였다.
> ─『고려사』「세가」 충렬왕 즉위년(1274) 10월 19, 22일

고려와 몽골이 통혼한 이유

최원정 이해가 좀 안 가는 게, 몽골에서 특별히 변발과 호복을 강권한
것도 아니라면서요.

류근 고려라고 하면 자주성과 독립성 같은 이미지가 제일 먼저 떠오
르는데 말이죠. 충렬왕은 꼭 그렇게 하면서까지 혼인했어야 했
던 겁니까?

이름	배우자
제국대장공주	충렬왕(고려 제25대 왕)
계국대장공주	충선왕(고려 제26대 왕)
복국장공주	충숙왕(고려 제27대 왕)
조국장공주	
덕녕공주	충혜왕(고려 제28대 왕)
노국대장공주	공민왕(고려 제31대 왕)

고려 왕과 혼인한 원 황실의 공주들

신병주 이때 상황을 보면 태자, 그러니까 충렬왕의 아버지인 원종이 한 때 임연에게 폐위당하는데, 그때 마침 몽골에 가던 태자가 쿠빌라이 칸에게 도움을 요청해 결국 원종이 왕위를 회복하죠. 그러다 보니까 원종도 왕권을 강화하기 위해, 특히 무신 정권에 의해 위축되었던 왕권을 강화하기 위해서는 몽골의 후원이 절대적이라는 것을 확인하고, 몽골 황실과 혼인 관계를 맺는 것이 그 후원을 확실히 하는 방법 중 하나라고 판단한 겁니다.

최태성 이 혼인을 계기로 해서 후대의 고려 왕 대부분이 몽골 공주를 아내로 맞이합니다. 원 간섭기의 고려 왕이 일곱 명 있는데, 그중에서 다섯 명이 몽골 공주를 아내로 맞이하죠. 충렬왕과 충선왕, 충숙왕, 충혜왕, 공민왕까지 다섯 명입니다.

이익주 나머지 두 사람, 즉 충목왕과 충정왕은 어린 나이에 즉위했다가 어린 나이에 죽습니다. 그래서 혼인을 안 했으니까, 원 간섭기의 모든 왕이 몽골 공주와 혼인했다고 볼 수가 있죠. 이렇게 해서 고려 왕은 원 황실의 부마로서 존재하게 됩니다. 부마가 되면서 상당히 유리해지는 면이 있습니다. 몽골에서 파견되어 오는 사신들을 상대할 때 의전이 달라집니다. 다루가치와 몽골의 사신이 신하의 자리에 서죠. 한번은 충렬왕이 몽골 사신에게 술을 따르자 몽골 사신이 절하고 받고, 술잔을 비우고 또 절하는 절차를

밟습니다. 그런데 그 옆에 있던 다루가치는 그렇게 안 했거든요. 그러니까 몽골 사신이 "왕께서는 대칸의 부마이시다. 너 같은 늙은이가 어찌 그럴 수가 있느냐?"라고 다루가치를 나무라는 장면이 나옵니다. 이렇게 충렬왕은 자기가 부마라는 점을 십분 활용해 몽골 사신이나 다루가치와 관계를 맺을 때 우위를 점하기 위해 노력해서 효과를 거두죠.

최태성 쿠빌라이 칸에게는 일곱 명의 사위가 있는데, 그중 여섯 명은 몽골 부족 출신입니다. 딱 한 명만 고려 출신 사위인 거죠.

류근 그렇다면 몽골로서는 나름대로 고려에 이례적으로 특급 대우를 해 줬다고 생각해도 되는 건가요?

신병주 그렇게 볼 수 있는 측면이 있습니다. 고려의 충렬왕은 대칸의 부마가 됨으로써 몽골에서 국가의 중대사를 결정하는 회의인 쿠릴타이에 참석할 수 있는 자격을 부여받죠. 결과적으로 보면 몽골 황실의 일원으로 대우받았다는 것을 알 수 있습니다.

최원정 근데 몽골도 고려와 통혼해서 뭔가 얻는 이득이 있었을 것 아니에요? 뭐가 있었을까요?

신병주 몽골에도 고려가 확실하게 필요했습니다. 이때 아직도 중국 남쪽에는 남송이 존재했어요. 몽골이 남송을 완전히 멸망시키지 못한 상황인데, 고려와 남송은 원래 우호적인 관계였거든요. 따라서 고려와 남송이 협력할 수 있는 연결 고리를 차단할 필요가 있었죠. 또한 이때 몽골의 목표 중 하나가 일본 정벌이에요. 특히 고려가 몽골보다는 수군이 강하잖아요. 그래서 고려를 군사적으로도 적절하게 활용할 필요가 있었죠. 바로 이런 점들을 다 고려했을 때 몽골로서도 고려를 자기들 편으로 끌어들이는 것이 확실히 유리했습니다.

최원정 나름대로 윈윈 전략이네요. 몽골로서도 크게 손해 보는 것 없이,

몽고습래회사 일본 가마쿠라 시대의 그림으로, 원의 일본 원정군과 일본 무사들 사이의 싸움을 그린 것이다.

오히려 큰 이득이 되는 일이네요.

이익주 그렇죠. 몽골은 고려에서 다시 항전하려는 분위기가 일어나는 것을 대단히 우려했을 겁니다. 그래서 고려의 청혼을 처음 받았을 때는 나중에 다시 이야기하자고 하는데, 강화도에서 나온 다음에 다시 이야기하자는 것이죠. 고려가 청혼을 두 번째로 했을 때는 받아들이기는 하는데, 실제로 혼인이 성사되지는 않습니다. 그 사이에 삼별초가 항전을 시작했기 때문에 그 추이를 끝까지 지켜보려고 했던 것이죠. 다만 몽골은 앞으로 일본을 상대로 한 전쟁을 앞두고 있었기 때문에 고려 왕실의 향배가 대단히 중요했습니다. 그래서 이 청혼을 쉽게 물리치지 못했죠.

류근 우리가 정략결혼이라는 말을 흔히 쓰는데, 아주 전형적인 정략결혼이에요.

최원정 제국대장공주는 고려에 시집온 첫 몽골 공주잖아요. 잘 지냈을까요? 얼마나 힘들었을까요? 언어도 잘 안 통했을 텐데 말이죠. 약간 미안해지네요.

최태성 제국대장공주 개인을 보면 좀 안쓰럽기도 하죠.

이윤석 고려 백성들은 제국대장공주를 별로 안 좋아했을 것 같아요. 아무리 공주라지만, 외국 여자잖아요? 외국 여자가 고려의 안주인이 된 거니까, 백성들이 좋아하진 않았을 것 같아요.

마리 앙투아네트 전통적인 적국이었던 오스트리아 출신 왕비를 프랑스인들은 반가워하지 않았다.

최원정 단순히 외국 여자가 아니죠. 침략해 온 몽골의 피를 잇는 적국의 공주잖아요.

최태성 제국대장공주는 충렬왕이 즉위한 이후에 고려로 오거든요. 같은 수레를 타고 개경으로 들어오는 충렬왕과 제국대장공주를 맞이하는 고려 백성들의 반응이 그다지 나쁘지 않았어요. 그 반응을 보면 "뜻밖에도 오랜 전쟁 끝에 태평세월을 보게 되었다."라고 서로 축하하며 기뻐하는 기록이 있어요.

최원정 대단히 뜻밖이네요. 단순히 나쁘지 않은 게 아니라 기뻐하기까지 했다는 거예요?

최태성 몽골에 대한 반감은 물론 있었겠지만, 어찌 되었든 고려에 장기적인 안정을 가져올 혼인이잖아요. 백성들로서는 고려와 몽골이 혼인함으로써 고려의 힘이 강해져서 앞으로 전쟁은 없을 거라고 좋아했던 것이 아니었을까 하는 생각이 들어요.

고려의 새로운 권력자, 제국대장공주

류근   아무리 그래도 몽골 쿠빌라이 칸의 딸이 고려에 와서 왕비라는 최고의 자리에 앉아 권력을 잡은 셈이잖아요. 지금까지 고려가 몽골에 당한 것도 있고, 두 나라의 상하 관계도 있는데, 괜히 좀 불안해지지 않습니까?

신병주   이 혼인이 첫 사례였고, 어쨌든 간에 몽골은 고려의 상국이었으므로 첫 몽골 출신 왕비가 어떤 식으로 처신을 하는지는 그 당시에 고려에서도 아주 지대한 관심을 받았죠.

최원정   예의 주시했을 것 같아요. 어떻게 하나 한번 보자는 마음으로요. 어땠나요?

류근   그런데 아까 충렬왕에게는 이미 왕비가 있다고 했잖아요. 그러면 아무리 제국대장공주라고 해도 당연히 후궁이 되어야 하는 거 아닙니까?

최태성   다른 여인도 아니고 몽골 공주가 시집을 왔는데, 원래 왕비는 거처하는 곳도 내놔야죠. 당연한 수순이 아닌가요? 그래서 결국 정화궁주는 별궁으로 거처를 옮깁니다.

신병주   근데 바로 여기서 변수가 생기죠. 이미 정화궁주라는 왕비가 있지만, 충렬왕이 몽골 대칸의 딸과 혼인했으니까, 새로 확실하게 서열을 정해요. 몽골 대칸의 딸이 제1왕후가 되고, 그 사이에서 태어날 아들이 태자가 되는 원칙이 정해지죠.

최원정   마치 놀이공원에서 줄 안 서도 바로 놀이 기구를 탈 수 있는 브이아이피(VIP) 이용권 같네요. 몽골에서 온 대칸의 딸이라고 바로 1순위로 올라갔어요. 근데 정화궁주가 굳이 거처까지 내놓고 별궁으로 옮겨 줬다는 거 보니까, 제국대장공주의 성격이 보통은 아니었던 것 같아요.

최태성   제국대장공주는 성격이 아주 강하고 질투심이 엄청나고 못될 것 같이 이미지가 잡혀 있죠. 제국대장공주가 혼인한 이후에 바로 아들을 낳아요. 그러자 정화궁주가 축하해 주려고 잔치를 베풉니다. 근데 그 자리에서 제국대장공주가 자기 자리가 상석이 아니라고 통곡하고 화를 내면서 난리를 칩니다.[†] 성격이 있죠.

신병주   신혼 초기에는 큰 예산이 소요되는 궁궐 조성 사업도 직접 지시합니다. 그리고 고려에서 생산되는 잣과 인삼을 중국의 강남 지역 쪽으로 수출해 많은 이득을 보기도 하죠. 또한 각지에 자기가 신뢰하는 환관들을 직접 보내 물건을 강제로 구하기도 합니다. 잣이나 인삼이 생산되지 않는 지역까지도 할당량을 요구해 나중에는 백성들이 상당히 힘겨워 했다는 기록들도 보여요.

이익주   게다가 또 한 가지 문제는, 공주가 혼자 고려에 오지는 않았다는 점입니다. 고려 말도 못하는데 혼자 오진 않았겠죠. 공주 주변에서 시중을 드는, 공주 개인에게 속한 사속인(私屬人)을 몽골 말로는 케링구(怯怜口)라고 합니다. 이 케링구들이 공주를 따라와 권력에 접근하고 횡포를 부리는 일들이 생깁니다.

류근   그렇게 아내에게 문제가 많은데, 남편인 고려 왕 충렬왕은 어떻게 대응합니까? 이쯤 되면 가만히 있을 수 없는 거 아니에요?

최태성   통제할 수가 없어요. 통제 불가능입니다. 혼인 초에 어떤 일이 있었는지 보여 드릴게요.

---

† 동쪽 행랑의 평상에 공주의 자리를 마련했다. 식투르가 말하기를, "평상에 자리를 마련한 것은 (공주님을) 궁주(宮主)와 같이 대접하려는 것입니다."라고 하였다. 공주가 크게 노하여 바로 명하여 자리를 서쪽 행랑으로 옮겼는데, 대개 서쪽 행랑엔 예부터 높은 의자[高椅]가 있었기 때문이다. (……) 결국 (왕이) 잔치를 그만두라 명하자, (공주는) 전(殿)에서 내려와 크게 곡하며 말하기를, "내 아기가 있는 곳으로 가련다."라고 하고 드디어 가마를 재촉하였다.
— 『고려사』, 「제국대장공주 열전」

왕비에게 매를 맞은 왕

충렬왕 왕비, 날씨가 참 좋소. 아니, 근데 이것은 황금탑이 아니요? 황금탑이 왜 궁궐에 있는 것이오?

왕비 제가 흥왕사에서 가져왔습니다.

충렬왕 아니, 어째서 그런 일을 하셨소?

왕비 마음에 드니까요. 제가 요즘 금에 관심이 좀 있어 이 황금탑을 다른 데 쓰려고 합니다. 아, 그리고 장식들도 아주 예뻐서 제 신하들이 좀 챙겼다고 하옵니다.

충렬왕 아이고, 왕비, 아니 되오. 부처님이 노하시오. 이러다가 불길한 일이 생길까 봐 두렵소.

최원정 사찰의 탑은 건드리면 안 되죠. 왕이 어떻게든 말려 보세요.

충렬왕 과인이 가만히 있을 것 같소? 지금부터 시원하게 울겠소.

류근 뭐하는 겁니까? 진짜 부끄럽네요.

충렬왕 할 수 있는 일이 없다오. 내가 힘이 없어, 힘이.

최태성 충렬왕은 이렇게 아무것도 하지 못하고 울기만 했어요.† 그러나 이것보다 더 심한 일이 있었지요. 충렬왕이 요양차 천효사에 가는데, 그 뒤를 제국대장공주가 따르는 상황이었습니다.

왕비 잠깐, 가만있어 보십시오. 제 뒤를 따르는 시종이 지금 이거밖에 없는 겁니까? 나를 무엇으로 보고…… 전하, 저는 궁궐로 돌아가겠사옵니다.

충렬왕 아니, 왕비, 정말로 화가 난 것이오? 뭐 그런 거 가지고 화를 내시오? 좋소. 그러면 나도 같이 돌아가겠소. 갑시다.

왕비 짜증나는데 어디를 따라오시는 겁니까?

충렬왕 왕비, 제발 때리지는 마시오. 과인이 제국대장공주와 대거리를 할 수도 없고……. 이놈들, 이 모든 게 네 놈들 탓이렷다.

왕비 참, 내가 어이가 없어서. 아니, 왜 애먼 신하에게 왜 화를 내십니까? 그냥 갑시다. 천효사 갑시다.

충렬왕 아, 그러면 화가 풀린 거요? 고맙소. 같이 갑시다. 아이고, 어느새 도착했네? 그러면 내가 먼저 들어가겠소.

왕비 아니, 어디를 먼저 들어간다는 겁니까? 나보다 먼저 들어가겠다고? 애들아, 회초리 가져와 봐.

충렬왕 왜 그러시오? 아이고, 뼈를 맞았네. 말로 하시오, 말로.

최태성 이렇게 제국대장공주는 충렬왕을 두 번이나 때리고 말을 타고 되돌아갑니다. 이 모습을 지켜본 신하들이 "이보다 수치스러운 일이 어디 있겠는가?"라며 탄식합니다.‡

최원정 충렬왕은 아내를 정말 상전 모시듯이 하네요. 근데 역사적인 사실이 맞아요? 진짜로 왕비가 왕을 때려요? 민망하네요.

신병주 정말입니다. 기록에도 나오는 일이죠. 나이가 스무 살 이상이나 많은 남편을 때렸습니다.

---

† 공주가 흥왕사(興王寺) 황금탑을 가져다가 내전에 들여놓았는데, 탑을 꾸민 장식을 쿠라다이와 셍게 등이 많이 훔쳐 갔다. 공주가 장차 금탑을 허물어 (마음대로) 쓰고자 하니 왕이 그만두게 하였으나 듣지 않자 다만 눈물을 흘리며 울 뿐이었다.
—『고려사』,「제국대장공주 열전」

‡ 왕이 천효사(天孝寺)로 거둥하는데, 왕이 먼저 산 아래에 도착했고 공주가 뒤따라 이르렀으나 시종하는 이가 적다고 성을 내며 돌아가니 왕도 어쩔 수 없이 돌아갔다. 공주가 지팡이를 들고 맞이하여 나와 왕을 때리자 왕이 모자를 던지고 쿠라다이를 쫓아내며 꾸짖기를, "이는 모두 네놈들이 한 짓이니 내 반드시 너에게 죄를 묻겠다."라고 하였다. 공주의 노여움이 조금 풀려 천효사에 갔는데, 또 왕이 기다리지 않고 먼저 들어갔다고 하여 다시 욕하며 (왕을) 때리고는 말을 타고 죽판궁(竹坂宮)으로 가고자 하였다. 문창유가 설공검에게 일러 말하기를, "수치스러움이 어찌 이보다 큰 것이 있겠는가?"라고 하였다.
—『고려사』,「제국대장공주 열전」

변경 전 이름	변경 후 이름
중서문하성	첨의부
상서성	
이부	전리사
예부	
병부	군부사
호부	판도사
형부	전법사
공부	(폐지)
추밀원	밀직사
어사대	감찰사

격하된 고려의 중앙관제

몽골 황실과의 혼인으로 달라진 고려

류근 혼인 과정에서도 그렇고, 부부가 된 후에 관계도 그렇고, 이제 상하 관계가 공고해진 거잖아요. 양국의 통혼으로 고려라는 국가가 지대한 영향을 받게 된 게 사실인데, 어떻습니까?

최태성 여러 가지 중요한 변화가 있죠. 일단 기본적으로 고려의 중앙관제가 격하됩니다. 혼인 직후인 1275년에 몽골이 고려의 중앙관제를 보고 "너희가 뭔데 우리와 관제가 비슷해? 바꿔"라고 하며 비판합니다.† 그래서 우리가 잘 아는 고려 중앙관제인 2성 6부가 바뀝니다. 중서문하성과 상서성을 합쳐 첨의부로 하고, 그 밑의 6부를 합쳐 4사로 하죠. 그리고 추밀원을 밀직사로, 어사대를 감찰사로 이름을 바꿉니다. 격을 낮추죠.

이익주 고려 전기에 고려 황실에서는 황제의 격에 해당하는 여러 가지 용어를 썼거든요. 왕이 자기를 부를 때는 짐(朕)이라고 하고, 신하들이 왕을 부를 때는 폐하라고 했는데, 이제는 짐을 고(孤)로 바꾸고 폐하를 전하로 바꾸는 식으로 한 단계씩 내립니다. 그리

도라산 전망대에서 바라본 북쪽

고 왕의 문서를 그전에는 조서와 제서, 칙서라고 했는데 교서로 바꾸죠. 이 교서라는 말은 조선에서도 그대로 사용하고요.

신병주 그렇죠. 가르칠 교(敎) 자를 쓰죠. 어리지만 대차고 센 성격의 소유자인 제국대장공주에게 충렬왕이 상당히 시달리는 장면도 있지만, 그렇다고 충렬왕이 완전히 기가 죽어 살았던 왕은 아니었어요. 나름대로 자기가 하고 싶은 일을 다 합니다. 특히 매사냥을 정말 좋아해서 바깥에 자주 나가죠. 도라산 전망대 아시죠? 지금의 파주 쪽에 있는 도라산으로 주로 나가는데, 특히 무비라는 총애하는 궁인을 자주 데리고 갔다는 기록이 있어요. 그래서 무비의 별명이 도라산이 됩니다.

최원정 충렬왕이 매사냥을 통해 뭔가 숨 막히는 현실에서 탈출구를 찾고 싶었던 걸까요?[†]

이윤석 매라고 하니까 뭔가 좀 느낌이 와요. 매가 창공을 날듯이 충렬왕도 현실에서 벗어나고 싶었던 것은 아닐까요? 저는 충렬왕의 심정에 조금은 공감합니다.

> [†] 조서에 이르기를, "왕이 아직 왕이 되지 않았을 때는 태자로 칭하지 말고 세자로 칭할 것이며, 국왕의 명령은 예전에는 성지(聖旨)라고 하였으나 이제는 선지(宣旨)라고 할 것이다. 관직 명칭이 우리 (원) 조정과 같은 것도 또한 마찬가지다."라고 하였다.
> ─ 『고려사』 「세가」 충렬왕 1년(1275) 10월 13일

충렬왕의 측근 정치

최태성 고려가 해마다 몽골에 바쳐야 하는 공물 중에 가장 중요한 게 바로 매였어요. 그래서 충렬왕이 매를 잡고 전문적으로 관리하는 관청을 하나 만드는데, 그게 바로 응방입니다. 그전에는 매를 불법으로 포획해 몽골에 바치면서 이득을 취하는 사람이 많이 있었거든요. 그런데 이제 응방에서 전문적으로 관리하니까 몽골에 빌붙어 이득을 취하는 사람들을 합법적으로 몰아낼 수 있다는 장점이 생기죠.

이익주 그런데 매를 기르고 매사냥을 하는 응방을 충렬왕은 측근 인물들에게 맡깁니다. 그리고 그 사람들과 함께 매사냥을 하면서 어울리죠. 나아가 충렬왕은 자기가 개인적으로 신임하는 사람들을 중심으로 해서 왕권을 강화하려고 합니다. 그 대표적인 기구가 비체치(必闍赤)로 국왕의 서기 역할을 하는 기구입니다. 그리고 코르치(忽赤)라는 친위 부대를 만드는데, 이것은 몽골의 대칸이 주변에 자기 측근을 포진하게 한 케식이라는 몽골 제도를 모방한 겁니다.

최원정 충렬왕이 부원 세력을 몰아내고 측근 세력도 키워 가면서 은근히 자기의 운신 폭을 넓혀 가는 게 보이네요.

류근 그러면 결국 충렬왕은 몽골과의 혼인을 통해 정립한 관계를 배경으로 해서 막강한 왕권을 획득하는 데 성공한 것으로 해석되는 거 아닙니까? 정식으로 혼인도 하기 전에 벌써 몽골 복식을

매 몽골에 바쳐야 하는 공물 중 하나였다.

입고 변발한 채 나타난 적이 있잖아요. 상당히 불쾌한 모습이었는데, 그게 다는 아닌 모양이에요. 실은 실리적으로 대응했네요.

최태성 근데 충렬왕과 고위 관료들은 변발을 하지만, 그 변발을 일반 백성들에게 강요하진 않아요. 그리고 고려의 관제가 격하되기는 했는데, 어쨌건 인사권만큼은 충렬왕이 쥐고 있어요. 그런 점들은 인정해야 할 것 같아요.

이익주 일반 백성들이 몽골 풍속을 받아들이지 않게 하거나 쿠빌라이 칸의 부마라는 지위를 이용해 고려라는 국가의 독립을 지키려고 하는 노력을 계속해 나가죠.

세조구제

최태성 이와 관련된 큰 사건이 있습니다. 몽골의 장인과 고려의 사위가 만나 대타협을 하죠. 이게 바로 그 유명한 세조구제, 즉 세조의 옛 약속이라는 겁니다. 1278년에 충렬왕이 몽골에 입조해 쿠빌라이 칸을 만납니다. 그리고 향후 고려의 자주성을 지킬 수 있는 약속을 얻어 내는데, 그 내용은 다음과 같습니다. 호구조사를 고려의 자율에 맡길 것, 다루가치를 폐지할 것, 고려에 주둔한 몽골군을 철수할 것, 홍차구와 부원배를 소환할 것. 즉 1259년의 강화 이후 거의 20년 만에 드디어 타협을 이룬 겁니다.

류근 세조가 쿠빌라이 칸을 가리키죠? 고려의 자주성과 독립성을 보장한다는 점이 드러나는 약속이네요.

이익주 호구조사를 고려의 자율에 맡긴다는 것은 고려의 호구조사 결과를 몽골에 보고하지 않는다는 것을 뜻합니다. 그리고 그전까지 고려에 설치되어 있었던 다루가치를 폐지하고 다시는 설치하지 않는다는 약속을 받아 낸 거죠. 또한 그 당시에 고려에 주둔하던 몽골군을 전부 철수하게 하고, 홍차구 같은 부원 세력이 고려의 정치에 개입하려고 하는 것도 이제는 못하게 하는 겁니다. 이러한 쿠빌라이 칸의 약속이 쿠빌라이 칸이 죽은 다음 몽골의 후손들에게 세조가 정한 옛 제도라는 의미에서 세조구제라는 이름으로 불립니다. 그 이후에는 몽골의 누군가가, 또는 고려의 부원 세력이 고려의 자주성을 해치려고 시도하면 언제나 이 세조구제에 어긋난다는 논리로 막아 냅니다. 그래서 고려가 끝까지 국가로서 유지될 수 있었죠. 충렬왕의 외교가 거둔 성과라고 분명히 이야기할 수 있는 대목입니다.

신병주 그 당시 기록을 보더라도 세조구제로 이룬 대타협의 결과에 관해 "지금 천하에 백성과 사직이 있고 왕이 있는 곳은 오직 삼한뿐이다."라고 해서 고려의 독자성과 자주성 같은 것을 아주 높이 평가한 대목이 나와요.

최원정 대칸의 사위가 됐다고는 하지만, 조금 굴욕적이었잖아요. 근데 그 신분이 결국은 대타협의 지렛대 역할을 했네요. 충렬왕이 다시 보입니다. 아까 아내에게 매 맞던 왕의 모습은 이제 떠오르지 않아요. 당당해 보이네요.

제국대장공주 다시 보기

이윤석 충렬왕이 처음에 받은 평가도 좀 억울한 부분이 있었던 거 같고, 제국대장공주의 행동도 해석하기 나름이 아닌가라는 생각이 들어요. 물론 제국대장공주의 성격이 좀 강했던 것은 사실입니다. 그건 인정해야 해요. 하지만 몽골 여인을 처음 접하다 보니 어떤 문화적인 오해나 충격이 있지 않았을까 합니다. 몽골 여인은 처음이잖아요.

이익주 제국대장공주의 처지에서 보면 고려로 시집오기 전에 과연 고려라는 나라에 관해 얼마나 알고 있었을까 하는 의문이 듭니다. 고려에 와서는 몽골에서 하던 대로 행동했겠죠. 그리고 그런 행동이 너무나 충격적이니까 고려 시대 사관들이 대서특필했을 것 같습니다. 그래도 시간이 흐르면서 그 성격이 많이 누그러진 것 같습니다. 예를 들어 충렬왕이 병이 들자 주위에서 흥왕사의 금탑 때문에 재액이 낀 거라고 얘기하니까 제국대장공주가 흥왕사에 금탑을 돌려줍니다. 대체로 제국대장공주의 난폭한 행동들은 혼인 초기에 집중되어 있고, 시간이 흐르면서는 이렇게 좀 나아지는 모습도 보입니다.

최태성 몽골 여성들은 일상생활에서 가사 노동을 할 뿐만 아니라 가죽옷 같은 생활용품도 만듭니다. 그리고 가축을 기르는 생산 활동에도 종사하는 매우 적극적인 모습도 볼 수 있기 때문에 가정 내에서 지위가 높아요. 그래서 발언권도 아주 셉니다. 정말 놀라운 건 우리나라에 온 몽골 사신 중에 여성도 있다는 거예요.

최원정 그 시대에요? 진짜 생소한 풍경이었겠네요.

신병주 기록을 보면 제국대장공주가 고려와 몽골 사이의 관계를 원활하게 하기 위해 충렬왕을 지원하는 모습도 나와요. 긍정적으로 평가해 줄 수 있는 여지가 있다는 거죠.

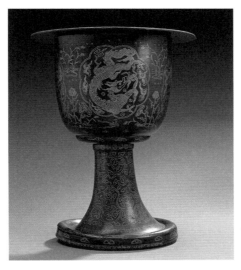

흥왕사명 청동 은입사 향완 충렬왕 15년(1289)에 제작된 불교 공예품.
흥왕사는 고려의 대표적 사찰 중 하나로 개경 인근에 있었다.

최태성 그러니까요. 게다가 혼인한 후 시간이 어느 정도 지난 뒤에는 충렬왕에게 매사냥을 자제하라고 권하는 모습도 보이지요.[†]

신병주 이런 일화도 있어요. 1293년에 충렬왕과 제국대장공주가 몽골에 가는데, 전송하는 잔치가 너무 화려했죠. 그러자 제국대장공주가 "이게 모두 백성의 피와 땀이다. 우리가 돌아올 때는 절대 이런 큰 잔치를 베풀지 말라."라고 지적하며 일침을 가합니다.

이익주 충렬왕은 결국에 가서는 제국대장공주를 정치적 동반자로 만드는 데 성공한 것으로 보입니다. 예를 들어 공주를 따라온 케링구들에게 관직과 토지도 주면서 결국은 고려의 관리로 만듭니다. 그리고 원 황실과 외교를 해야 할 때가 있으면 이 사람들을 보냈습니다. 비공식적인 외교를 할 때는 고려의 그 어떤 관리보다도 더 적합한 사람들이었죠. 그래서 충렬왕은 제국대장공주의 사속인들을 자기의 관리로 흡수해서 왕권을 강화하는 데 이용하는 아주 노련한 정치력을 보여 줍니다. 그러니까 제국대장공주가 아무리 횡포를 부린다고 하더라도 권력의 핵심을 장악하지는 못한 거죠.

최원정 이 시점에서 저는 제국대장공주가 약간 측은해지는 면도 있어요. 처음에 부렸던 횡포들도 알고 보면 사정이 있는 거예요. 어린 나이에 먼 이국땅에 와서 스트레스는 쌓이고, 남편은 나이도 많으니까 어이없어 보이는 일들을 막 했겠죠. 그래도 나중에는 철이 들었고요. 어찌 보면 이 제국대장공주라는 여인이 정치적 희생양이었을 수도 있겠다는 생각이 듭니다.

최태성 어쨌거나 어느 정도 왕권이 안정되자 충렬왕이 풀어집니다. 매사냥을 자주 나가고, 연회도 자주 베풀죠. 그러니까 신하들이 왕에게 지금 너무 지나치게 사치와 향응에 빠져 있다고 간언합니다. 근데 이제 왕권이 안정됐으니까 충렬왕이 힘이 있는 거예요. 그래서 그냥 무차별적으로 처벌해 언로를 딱 막아 버립니다.‡

최원정 어찌 보면 충렬왕으로서는 전성기이자 안정기를 맞은 셈인데, 그 기간도 오래가지는 못합니다. 제국대장공주와의 혼인만큼이나 그의 운명을 바꿔 놓는 큰 사건이 또 일어납니다.

---

† 왕에게 말하기를, "오직 사냥만이 일이시니 나랏일을 어찌하겠습니까?"라고 하니, 왕이 부끄럽고 화나 밖에서 바로 주저앉았다.
— 『고려사』 「제국대장공주 열전」

‡ 감찰사(監察司)가 상언(上言)하여 당시의 정국을 논하였더니 왕이 크게 화나 시사(侍史) 심양을 숭문관(崇文館)에서 국문하였다. (또한) 잡단(雜端) 진척과 시사 문응은 섬으로 유배하고 전중시사(殿中侍史) 이승휴를 파직했다.
— 『고려사』 「세가」 충렬왕 6년(1280) 3월 14일

제국대장공주, 생을 마감하다

1297년, 충렬왕과 제국대장공주는
세자의 혼례를 치르고 몽골에서 돌아온다.

그러나 환국하자마자 병을 얻은 공주는
한 송이 작약꽃을 꺾어 오게 하여
한참을 만지다 흐느껴 울었다.

결국 제국대장공주는 39세의 나이로
현성사에서 생을 마감한다.

제국대장공주의 죽음과 충렬왕

이윤석 마음이 좀 짠해지네요. 서른아홉 살이면 너무 일찍 죽은 게 아닌
가 싶고, 고향인 몽골에 다녀온 지 한 달도 안 돼서 죽었다고 하
니까, 좀 안되었어요.

최원정 근데 무슨 사연이 있었던 거예요? 작약꽃을 만지다가 죽었다는
것을 보면 향수병일까요? 남편은 항상 자기편도 아니었고, 게다
가 무비라는 딴 여자를 곁에 뒀다면서요. 화병이 쌓이다가 잠시
고향에 간 사이에 몸과 마음이 스르르 무너진 건 아닐까 싶어요.
안타깝네요.

이윤석 충렬왕이 제국대장공주를 아내로서 사랑으로 대했다기보다는,
뭔가 정치적인 방패나 외교적인 통로 같은 수단으로 대했던 거
같아요. 그래서 좀 많이 외롭진 않았을까요? 일찍 죽은 데는 그
런 원인도 좀 있는 거 같아요. 자기 삶이 겉으로는 매우 화려해
보이지만, 사실 뜻대로 되는 것은 하나도 없다는 걸 세월이 점점
흐르면서 깨달은 건 아니었을까 하는 생각도 들고요.

류근 근데 몽골에 가서 자기 아들, 그러니까 세자를 결혼까지 하게 했
다면서요? 정말 섭섭하겠어요. 아들이 결혼해서 잘 사는 모습을
좀 보고 싶었을 텐데 말이죠. 어찌 보면 충렬왕도 손실이 큰 거
예요. 제국대장공주의 죽음으로 말미암아 가장 든든한 정치적
배경이 사라진 거 아닙니까?

최원정 자기 방식대로 고려를 몽골의 간섭에서 벗어날 수 있게 해서 나
름대로 자주성과 독립성을 지킨 충렬왕을 우리가 어떻게 평가할
수 있을까요?

이익주 충렬왕 대의 시대적 과제는 "어떻게 하면 몽골의 간섭에서 국가
를 지켜 내느냐?"라고 볼 수 있습니다. 그 점에서 충렬왕은 몽골
과 일정한 거리를 두면서도 부마라는 지위를 이용해 여러 가지

宣授高麗國儒學提舉僉議中贊修文殿大學士贈諡文成公安 珦真

越延祐五年二月 日降

宥旨其目云都僉議中贊修文殿大學士安珦有崇設學校之功亦於

夫子廟庭圖形致祭束鄉興州守散郎崔琳依其目摹寫一軀將安之

于鄉校時嗣子干噐遼永之鎮邊崔君送以示之於是焚香拜手乃爲

之贊曰

先君當日振儒風

上命圖形

文廟中一幅丹青照束樺四時邊豆

茶膚功

是年秋九月 日贊

慶尚金羅州道巡撫鎮邊使匡靖大夫檢校僉議評理無判典儀寺事上護軍安于噐拜題

안향 초상 성리학을 고려에 소개한 안향은 충렬왕 대를 전후해 활약했다.

방법으로 그 과제를 해결하려고 했다고 평가할 수 있겠습니다. 그런데 그 과정에서 국가의 공식적인 기구를 활용하지 않고, 자기가 개인적으로 신임하는 사람들로 권력 집단을 만들고 그들을 이용해 왕권을 강화함으로써 몽골을 상대로 외교를 해 나가려고 했다는 부정적인 면이 있죠. 바로 이 부정적인 면 때문에 그다음 세대, 즉 아들과 싸우고 충선왕의 개혁 정치에 의해 밀려납니다. 그런 점에서 빛과 그림자가 동시에 있었던 시대라고 할 수가 있겠습니다.

이윤석 충렬왕은 몽골이라는 거대한 파도를 제국대장공주라는 방파제로 막아 놓고, 그렇게 지킨 고려라는 땅을 알차게 다스리려고 한 건 아닌가 하는 느낌이 들어요.

최원정 그 방파제는 몸과 마음이 다 닳아서 쓰러져 갔죠. 얼마나 힘들었겠어요. 자, 그러면 가장 든든한 배경이 되어 주었던 제국대장공주를 잃은 충렬왕은 어떻게 될까요?

2

충선왕,
아버지의
왕위를 빼앗다

1298년 1월, 충선왕이 왕위에 올랐다. 부왕 충렬왕이 살아 있는데도 억지로 양위받은 것이었다. 이런 일이 있을 수 있었던 것은 당시에 고려 국왕을 책봉할 권한이 원에 있었기 때문이다. 고려와 몽골은 책봉-조공 관계를 기본으로 했으나, 그 책봉은 이전처럼 왕위 계승을 추인하는 것이 아니라 실제로 책봉 대상을 결정했다는 점이 달랐다. 하지만 자격이 없는 사람을 책봉할 수는 없었으므로 원의 책봉권에도 분명한 한계가 있었다.

충선왕은 쿠빌라이 칸의 외손자이고, 쿠빌라이 칸의 손자인 카말라의 딸 부다시리(계국대장공주)와 결혼해 부마가 됨으로써 왕위 경쟁에서 매우 유리한 위치에 있었다. 반면에 충렬왕은 몽골 공주 출신 왕비였던 제국대장공주가 쿠빌라이의 정비 소생이 아니라는 점이 새삼 문제가 되었을 뿐 아니라, 1294년에 쿠빌라이 칸이 죽고 후계를 정할 때 원 성종(테무르)을 지지하지 않았던 것이 결정적으로 작용해 왕위에서 물러났다.

충선왕의 즉위는 원이 결정했지만, 고려에도 남다른 의미가 있었다. 충렬왕의 정치에 반대하던 사람들이 충선왕에게 기대를 걸었던 것이다. 충렬왕은 즉위한 이후 줄곧 원의 간섭을 줄이고 고려의 독립성을 지키는 데 힘을 기울였다. 1278년에 쿠빌라이 칸을 직접 만나 담판을 벌인 끝에 '6사' 문제를 마무리한 것이 대표적 성과였다. 하지만 국내 정치에서는 국왕의 총애를 받는 측근 세력이 출현해 권력을 농단하는 현상이 나타났다. 이들 때문에 관리 인사가 문란해지고 권력형 비리가 만연했다. 그 피해가 일반 민들에게도 미쳐 측근 세력에 토지를 빼앗기고 유망하는 사람이 많아졌다.

충선왕은 어릴 때부터 부왕의 측근 정치에 부정적이었고, 왕위에 오르자 곧 수많은 사람의 기대를 받으며 개혁에 착수했다. 하지만 그 과정에서 충렬왕의 측근 세력을 숙청한 것이 빌미가 되어 원의 의심을 사기 시작했고, 결정적으로 왕비인 계국대장공주와의 불화가 구실이 되어 즉위한 지 8개월 만에 물러났다. 동시에 충렬왕이 복위했지만 왕권을 온전하게 회복하지 못했고, 이후 충렬왕파와 충선왕파의 대립이 계속되었다. 충선왕이 쿠빌라이의 외손자이자 부마로서 확고한 지위를 유지해서인데, 이러한 상황에서 충렬왕이 며느리 계국대장공주를 개가시키려 한 일이 일어났다.

부자간의 대립은 뜻밖에도 원의 정치 상황에 따라 결판이 났다. 원에서 성종이 죽고 후계를 둘러싼 내전이 벌어졌을 때 충선왕은 카이샨(무종)과 아유르바르와다(인종) 형제를, 충렬왕은 그 경쟁 상대인 아난다를 각각 지지했는데, 내전 결과 카이샨 형제가 승리했던 것이다. 충선왕은 원의 실력자가 되어 공신에 책봉되고 심양왕(심왕)에 봉해졌으며, 고려의 실권을 장악했다. 그리고 얼마 뒤 충렬왕이 세상을 떠나자 다시 왕위에 올랐다.

충선왕은 복위한 뒤에도 개혁 정치를 시도했다. 그런데 왕위에 오른 지 3개월 만에 원에 가서 돌아오지 않았다. 국왕이 장기간 자리를 비우는 초유의 사태가 벌어진 것이다. 충선왕으로서는 권력의 원천이 원에 있었으므로 당연한 선택을 한 것이지만, 고려의 정치는 전지(傳旨)를 보내 대행하게 했으므로 충선왕의 신임을 받는 측근 세력이 강화될 수밖에 없었다. 원이 고려국왕과 심왕 중 하나를 포기할 것을 요구하자 충선왕은 고려의 왕위를 아들 강릉대군(충숙왕)에게 전위하고 원에 남는 길을 택했다. 충선왕은 원의 실력자가 됨으로써 고려에 대한 원의 간섭을 줄일 수 있다고 생각했고, 충선왕이 건재한 동안에는 그 생각이 실현되었다.

그러나 충선왕의 권력은 오래가지 않았다. 충선왕을 지지했던 인종이 1314년에 죽고 원의 정치가 혼란에 빠지자 곧 충선왕은 티베트로 유배되었다. 동시에 충숙왕도 원에 소환되어 국왕인을 빼앗기고 억류되었다. 그리고 고려를 없애고 원의 행성으로 만들자는 논의가 일어남으로써 국가 존립의 위기를 맞았다. 충렬왕의 정책을 포기한 충선왕이 자초한 결과였다.

흥선대원군과 고종

아버지와 아들의 갈등

이광용　조선 제16대 왕 인조와 소현세자, 조선 제26대 왕 고종과 흥선대원군. 이 인물들의 공통점이 뭔지 아십니까?

이해영　왕이 된 사람과 왕이 못 되거나 안 된 사람이네요.

류근　권력을 놓고 경쟁한 부자 관계 정도로 요약할 수 있겠네요. 가장 결정적인 것은 남만도 못한 원수가 돼 버렸다는 거고요.

이광용　맞습니다. 소현세자는 청에 인질로 끌려갔다가 청의 신뢰를 얻고 돌아왔지만, 아버지인 인조의 질투를 받다가 의문사합니다. 고종은 아버지인 흥선대원군을 정계에서 퇴출하려 하고, 아버지의 장례식에조차 참석하지 않죠. 그런데 원 간섭기의 고려 왕실에도 부자간에 치열한 갈등이 있었습니다. 바로 고려 제25대 왕 충렬왕과 제26대 왕 충선왕 사이의 갈등입니다. 왕위를 두고 벌어진 갈등, 그 내막은 무엇이었을까요?

무비 제거 사건

1297년, 충렬왕의 아내인
제국대장공주가 죽음을 맞는다.

이에 세자는 어머니의 죽음을
왕의 정인인 무비의 탓으로 여긴다.

세자는 아버지의 허락도 없이
무비와 그 측근들을 사로잡아 참수한다.

충렬왕에게 반기를 든 세자 왕원.
부자 갈등의 서막이 오른 것이다.

이름	왕원
출생	1275년 고려
아버지	고려 제25대 왕 충렬왕
어머니	제국대장공주
외할아버지	원 세조 쿠빌라이 칸
비고 사항	3세에 세자로 책봉

고려 제26대 왕 충선왕 이력서

고려 최초의 혼혈 왕자 충선왕

최원정 아들 충선왕이 아버지 충렬왕의 정인인 무비를 제거했습니다. 이 사건 자체만으로도 충격적이에요.

이해영 이 뒷이야기가 정말 궁금해요. 근데 그에 앞서 저는 일단 충선왕 이라는 이름을 처음 들어 봤습니다.

류근 사실 저도 그 무렵 왕들이 헷갈리는 건 마찬가지입니다. 충렬왕, 충선왕, 충숙왕 등등 이름이 다 비슷해 헷갈리거든요.

최태성 제가 그래서 이력서를 한번 만들어 봤습니다. 고려 제26대 왕 충 선왕, 이름은 왕원입니다. 1275년에 고려에서 출생했고, 세 살에 세자로 책봉됩니다. 충선왕의 아버지와 어머니를 한번 보겠습니 다. 아버지는 고려 제25대 왕 충렬왕이고, 어머니는 원 세조 쿠 빌라이 칸의 딸인 쿠틀룩켈미시, 즉 제국대장공주입니다. 그러 니까 충선왕의 외할아버지가 바로 쿠빌라이 칸입니다. 충선왕은 고려 왕실과 몽골 황실 간의 혼인을 통해 태어난 최초의 여몽 혼 혈 왕자인 셈이죠.

류근 혼혈 왕자라고 하면 제일 먼저 소설이 떠오르는데, 우리나라 역 사에도 혼혈 왕자가 있었군요.

이해영 근데 이력서를 보니까 엄청나지 않아요? 태어나 보니 아버지는 고려 왕, 어머니는 원나라 공주, 외할아버지는 원나라 황제이니

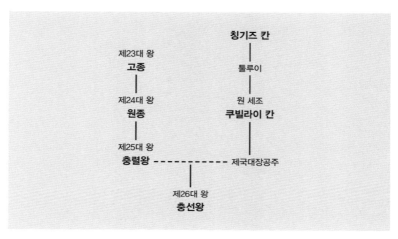

충선왕의 계보

이익주 　이 정도면 '금수저'가 아니라 그냥 금덩어리로 봐야 할 거 같아요. 몽골에서도 칭기즈 칸의 후손들은 아주 각별하게 대우받습니다. 황금 씨족으로 불리는, 스스로 금칠을 한 씨족인데, 충선왕은 쿠빌라이 칸의 외손자이니까 몸에 쿠빌라이 칸의 피가 흐르죠. 그래서 충선왕도 몽골의 황금 씨족에 포함됩니다. 게다가 1296년에는 쿠빌라이의 장손이자 제위 계승 1순위 후보인 카말라의 딸 부다시리 공주와 결혼하기까지 합니다.

신병주 　특히 충선왕이 세 살에 세자로 책봉됐다는 게 정말 대단하지 않아요? 아마 고려 최연소 세자 책봉이었을 겁니다. 이때 충선왕이 정말 뭘 알겠습니까? 기저귀 찬 아이를 세자로 책봉했다는 것은 충선왕이 지닌 큰 정통성을 상징하죠.

최태성 　충선왕은 세자 시절에 원을 자주 오간 듯해요. 근데 어느 날 쿠빌라이 칸이 충선왕을 부릅니다. 외할아버지가 외손자를 부른 거죠. 근데 그때 충선왕이 중국 역사서인 『자치통감』[1]을 읽고 있었거든요. 그래서 쿠빌라이 칸이 기특해하며 외손자에게 물어보

당 태종 이세민 중국 역사상 최고의 명군 중
한 사람으로 꼽힌다.

죠. "통감을 읽고 있다던데, 역대 제왕 중에서 누가 제일 뛰어나
냐?" 그러자 충선왕은 "한 고조와 당 태종입니다."라고 대답합니
다. 이에 쿠빌라이 칸이 "그러면 한 고조와 당 태종을 짐과 비교
하면 어떠냐?"라고 다시 물으니, 충선왕이 "저는 어린애인데 어
떻게 답하겠습니까?"라고 얘기한 거예요. 짓궂은 질문에 나름대
로 재치 있게 대답한 거죠.

류근   쿠빌라이 칸이 누굽니까? 왕 중의 왕이잖아요. 원이라는 대제국
의 황제인데, 외손자를 대견해하는 모습은 여느 외할아버지와
다를 게 없네요. 외손자 앞에서는 어쩔 수 없어요.

충선왕, 아버지의 여인을 처단하다

최원정 그런데 충선왕이 어머니 제국대장공주의 죽음을 무비 탓으로 생각하잖아요. 실제로 제국대장공주의 죽음과 무비가 연관성이 있어요?

신병주 제국대장공주가 죽는 과정의 묘사를 보면 무슨 꿈이나 한 폭의 그림 같습니다. 궁궐에 작약꽃이 화려하게 활짝 피자 제국대장공주가 한 송이를 꺾어 오게 한 다음, 그 꽃을 정말 서럽게 만지작거리면서 흐느껴 울죠. 그러다가 얼마 후에 병을 얻어 죽으니 향년 39세였다고 기록에는 나와요. 갑작스럽죠.

이해영 제국대장공주의 죽음에 관한 기록에 무비에 관한 언급이 없는 걸 봐서는 제국대장공주의 죽음과 무비는 관계가 없어 보이는데, 충선왕이 약간 오해 같은 걸 한 건 아닐까요?

최태성 충렬왕이 궁녀인 무비를 정말 아꼈거든요. 특히 충렬왕이 사냥을 많이 다녔는데, 기록에 이렇게 나와 있어요. "왕이 도라산에 왕래할 때는 반드시 무비를 데리고 가서 객지에 머무를 때의 즐거움으로 삼으니, 사람들이 무비를 '도라산'으로 불렀다. 왕의 총애가 커지자 무비에게 붙은 자들이 안팎에서 제멋대로 포악하게 굴었으므로 세자가 몹시 미워했다."

최원정 어머니의 사망 원인이 다른 여인에 대한 질투 때문이라고, 화병으로 돌아가셨다고 생각하면 속이 좀 끓었을 거 같기도 해요.

이해영 맞아요. 아버지가 미웠을 수도 있겠죠. 아버지가 그렇게 어머니를 홀대하니, 직접적인 연관이 없더라도 충선왕이 어머니의 죽음에 관한 책임을 무비에게 묻고 싶어질 거 같아요.

류근 근데 아무리 그래도 아버지가 아끼는 여인을 죽인다는 것은 부왕의 권위를 노골적으로 부정하는 행위로 보이거든요. 뭔가 드러나지 않은 정치적 맥락이 이면에 있어 보이지 않습니까?

최원정 저는 이해가 안 가는 부분이 있어요. 아들이 무비를 제거할 때 아버지 충렬왕은 가만히 있어요?

신병주 자세한 기록은 나오지 않는데, 어머니가 죽고 나서 충선왕이 무비를 국문하자고 요청하자, 충렬왕은 장례가 끝난 후에 이야기하자며 거절합니다. 그러니까 충선왕이 참지 못하고 아버지의 명을 어기며 그대로 행동을 개시하죠. 결국 충선왕이 장례를 마치고 원나라로 돌아간 절묘한 시점에 충렬왕이 왕위를 내놓는 사건이 벌어집니다.

충렬왕, 왕위를 내려놓다

이익주 『고려사』를 보면 충렬왕이 양위를 요청하며 원에 보낸 표문이 남아 있습니다. 그 내용을 보면 "왕비가 먼저 세상을 떠나 마음이 애달픈 것이 심했습니다. 나이가 들어 늙고 병이 번갈아 나니 하루아침에 쓰러져 일어나지 못한다면 서무는 누가 처리하겠습니까?"라며 아들에게 왕위를 물려주겠다고 되어 있습니다.

이해영 갑자기 양위하는 것도 이상하지만, 표문의 내용도 이상한데요? 오자가 나온 게 아닌가 싶어요. 왕비가 세상을 떠나 애달픈 게 아니라 무비가 세상을 떠나 애달픈 거겠죠. 정말 사랑하는 여인이 그것도 아들의 손에 죽었다고 하면 충격이 컸을 거 같아요.

류근 근데 다 아시다시피 권력이라는 게 배부르다고 먹다가 놓을 수 있는 숟가락 같은 게 아니잖아요? 뭔가 이상하지 않습니까?

최원정 정말로 나이가 들어서 너무 힘들었던 건 아닐까요? 그 당시 충렬왕이 꽤 나이가 들지 않았나요?

류근 제국대장공주가 죽었을 때 충렬왕의 나이가 62세라고 합니다. 물론 그 당시 고려의 평균수명을 보면 연로한 건 맞지만, 단순하게 비교해 보자면 쿠빌라이 칸이 80세까지 살았단 말이에요. 근데 그 사위가 62세에 그렇게 순순히 아들에게 왕위를 물려준다는 건 말이 안 돼요.

신병주 충렬왕이 나이는 많았지만, 직전까지도 사냥하면서 왕성하게 활동했잖아요.

이해영 그러네요. 도라산을 그렇게 갔는데…… 어쨌건 자기가 사랑하는 정인도 잃고, 아내도 잃고, 아들이 자기를 위협할지 모른다는 생각까지 하면 모든 게 다 회의적으로 보이면서 다 덧없다고 느꼈을 수도 있어요. 그래서 방관자처럼 아들에게 왕 자리도 넘기려고 하는 거고요. 표문을 보면 자발적인 양위라는 점이 보입니다.

류근 행간을 봐야죠. 우리가 지금까지 권력이라는 것의 속성에 관해 많이 지켜봤잖아요. 정말 마약보다 끊기 어렵다는 게 권력 아닙니까? 왕이라는 최고 권력의 자리를 그렇게 쉽게, 그것도 단번에 내놓을 수 있을까 싶어요. 저는 어쩐지 충렬왕이 자발적으로 한 일이 아닐 수도 있겠다는 의심이 자꾸 듭니다. 뭔가 자연스럽지는 않아요.

최태성 나중에 결정적인 사건이 벌어집니다. 충렬왕의 양위 표문을 쓴 정가신[2]이라는 사람이 훗날 자살합니다. 정가신에 관한 기록을 보면 이런 내용이 있어요. "표문 중에 충렬왕의 뜻이 아닌 것이 있으며, 그 이유를 물으면 표문을 지은 자가 어찌 그 책임을 면하리오." 근심하고 두려워하다가 약을 마시고 죽었다는 거죠. 충렬왕의 양위가 자의였다고 하기에는 뭔가 찜찜한 구석이 분명히 있는 거예요.

류근 원래 거대한 사건들은 그런 식으로 연결 고리가 되는 인물들이 자살하거나 암살당해 영영 미제가 되는 사례가 허다합니다.

최원정 밝히지 못하는 어떤 진실이 있어요. 죽음으로 덮으려는 무언가가 있는데, 이 정도면 수사에 들어가야 하는 거 아닌가요?

이익주 　충렬왕의 양위에 관한 자세한 내막은 기록되어 있지 않습니다. 지난 시간에 설명한 것처럼 그 당시에 충렬왕의 정치는 자기가 개인적으로 믿는 사람들과 같이하는 측근 정치였습니다. 따라서 왕이 바뀌면 권력 집단이 전부 교체되는 아주 커다란 변화가 일어납니다. 이런 상황에서 충렬왕이 그때까지 자기를 믿고 따르던 사람들을 다 버리고 왕위를 물려준다는 것은 대단히 어려운 일이었을 겁니다. 그래서 역시 자의라기보다는 고려에서, 더 중요하게는 원에서 충렬왕을 왕위에서 물러나게 하려는 분위기가 있었기 때문에 충렬왕이 거기에 따랐던 게 아닌가 하는 해석이 좀 더 유력하다고 할 수 있겠습니다.

최태성 　이 당시에 충렬왕은 위기에 빠져든 상황이었습니다. 왜냐하면 제국대장공주가 죽기 3년 전에 쿠빌라이 칸도 죽었거든요. 든든한 바람막이였던 장인도 아내도 이제는 없으니까 정치적 위상은 낮아질 수밖에 없습니다. 게다가 쿠빌라이 칸의 뒤를 이은 원 성종이 제국대장공주는 쿠빌라이 칸의 정비 소생이 아니므로 공주가 아니라고 정통성을 부정합니다. 따라서 제국대장공주의 남편, 즉 원의 부마인 충렬왕의 지위도 부정될 수밖에 없죠.

신병주 　그에 반해 충선왕은 이때 20대 초반의 나이로 아주 왕성한 혈기를 지닌 인물이었거든요. 이미 스물한 살 때부터 도첨의사사와 밀직사, 감찰사, 중군의 판사를 겸직하면서 상당히 중요한 직책들을 맡아 관리 인사권도 일부 행사했습니다. 왕이 아니었을 뿐이지, 거의 왕과 다름없는 위치에 있었죠.

류근 　원 황실에서 충선왕에 대한 지지가 있지 않았을까요?

신병주 　이 무렵에 원 황실에서는 혈통적으로 훨씬 더 우세한 충선왕을 밀어주는 분위기가 있었죠.

이해영 　그렇군요. 아무래도 피는 물보다 강하고 진하니까 핏줄이 믿을

원 성종 쿠빌라이 칸의 손자로, 충선왕의 외사촌 형이다.

만하다는 거네요.

이익주 충렬왕의 처지에서 본다면 가장 든든한 후원자인 쿠빌라이 칸이 세상을 떠나고, 자기 아내도 세상을 떠났는데, 또 다른 한편에서 는 쿠빌라이의 외손자이면서 진왕 카말라의 사위가 된 아들이 성장해 올라오는 아주 어려운 상황에 처해 있었던 거죠. 이런 상황에서 충렬왕이 아들에게 양위해 충선왕이 1298년 1월에 새로운 고려 왕이 됩니다.

고려 연예가중계: 왕실 스캔들, 조비 무고 사건

이광용 이제 갓 왕위에 오른 충선왕과 관련해 엄청난 스캔들이 터졌습니다. 충선왕의 아내 계국대장공주가 원의 황태후에게 도저히 못살겠다며 편지를 썼다고 합니다. 저희가 그 편지를 긴

급히 입수했는데, 그 내용을 제가 읽어 보겠습니다. "황태후 마마 전상서. 마마, 저는 머나먼 고려 땅에서 매일매일 눈물을 훔치며 지내고 있사옵니다. 그 이유인즉, 조인규의 딸인 조비 때문입니다. 조비가 무엄하게도 저를 저주하기 때문에 왕께서 저를 사랑하지 않고 있습니다. 머나먼 타지에서 매일 독수공방하여 긴긴 밤을 지새우니 어찌하면 좋겠습니까? 도저히 못살겠사옵니다."

류근 이상한 얘기네요. 충선왕은 자기 아버지 충렬왕이 무비 때문에 어머니를 외롭게 했다고 무비를 죽이잖아요.

이해영 충선왕도 아버지인 충렬왕과 똑같아요. 데칼코마니처럼 똑같은 상황이에요.

이광용 충선왕이 계국대장공주에게 장가를 든 후로 부부 관계를 계속 좀 꺼려했다고 합니다. 특히 충선왕이 조비만 총애하는 것을 투기해서 계국대장공주가 원 황실에 이 사실을 알리려고 했습니다. 이 소식을 들은 충선왕이 계국대장공주를 말렸지만, 실패했다고 합니다. 아니, 이건 또 뭐죠? 속보입니다. 이게 무슨 일입니까? 궁궐 문에 익명의 방이 붙었다고 합니다. 조인규의 처가 영험한 무당을 사주해 왕이 공주를 미워하게 하고 자기 딸만을, 즉 조비만을 사랑하도록 저주했다는 내용인데, 이 소식을 들은 계국대장공주는 다음과 같이 반응합니다. "조인규와 그 처를 잡아 사건의 진상을 명명백백히 밝히고, 이 사건을 원에 정식으로 보고하여라." 이렇게 공주의 분노는 하늘까지 치솟고 원 황실은 물론 여론도 들끓는 상황인데, 과연 충선왕의 앞날은 어찌 될까요?

조비 무고 사건의 결말

최원정   왕위에 오른 지 몇 달도 안 되었잖아요. 충선왕에게 이렇게 위기가 찾아오나요?

이해영   근데 조비는 충선왕에게 어떤 여인인 건가요? 충렬왕의 정인 무비와 비슷한 위치인가요?

신병주   여기서 조금 착각하시면 안 되는 게, 조비는 성이 조씨인 왕비입니다. 충선왕이 계국대장공주와 결혼하기 전에 맞이한 왕비였어요. 그런데 무비의 비 자는 왕비 비(妃) 자가 아니라 견줄 비(比) 자입니다. 그냥 이름이 무비(無比), 즉 "비할 바 없다."라는 뜻입니다.

최태성   충렬왕은 무비 때문에, 충선왕은 조비 때문에, 아버지와 아들이 다 위기를 맞네요. 어쨌거나 계국대장공주의 시샘 때문에 조인규와 그 아내 및 아들들과 사위, 조비까지 다 끌려가 심문을 받는데, 이 일을 처리하기 위해 원에서 파견한 인원이 100여 명입니다. 얼마나 큰일인지 짐작되시죠? 게다가 조인규와 조비는 원으로까지 끌려가 심문당합니다.

이익주   충선왕에게도 원으로 들어오라는 황제의 명령이 떨어집니다. 그런데 얼마 후에 더 충격적인 사건이 벌어집니다. 원으로 떠나는 충선왕을 환송하는 자리에서 원나라 사신이 갑자기 충선왕에게서 왕인, 즉 왕의 도장을 빼앗아 퇴위한 충렬왕에게 줍니다.† 충선왕을 퇴위시키고, 충렬왕을 복위하게 한다는 의미죠. 그래서 고려 역사상 처음으로 아버지와 아들이 번갈아 왕이 되는 일이 벌어집니다.

류근   정말 큰 수모네요. 치욕적이에요. 충선왕은 재위한 지가 얼마나 된 거예요?

이익주   1월에 즉위했는데, 환송연에서 왕위를 빼앗긴 것이 8월에 일어난 일입니다.

류근 　왕이 된 지 1년도 채 안 되었는데 바꾼다는 게…… 폐위와 복위가 자기들 마음대로네요. 그런데 정말 조비 문제가 왕을 폐위할 만큼 그렇게 중대한 문제에요?

이해영 　충렬왕이 나름대로 전략을 세워 꾸민 일이 아니었을까요? 눈에는 눈, 이에 이, 무비로 얻은 상처, 조비를 활용해 비슷한 사건으로 흠집을 내겠다는 충렬왕의 매서운 전략이 아니었을까요?

류근 　익명의 방이 붙기도 했다는 게 결국은 보복을 꿈꾼 아버지의 음모라는 말이죠? 그래도 충선왕은 황금 씨족이잖아요. 아무리 큰 흠집이 있더라도, 폐위는 원 황실의 의지에 달린 문제가 아닌가 싶습니다.

이해영 　그러면 원이 충선왕의 손을 놓았다는 얘기가 되잖아요? 원이 왜 그랬을까요?

신병주 　원에서 충선왕의 폐위에 관한 공식 입장을 발표해요. 딱 네 글자입니다. 천명망살(擅命亡殺). 멋대로 할 천 자에 명할 명 자와 망할 망 자, 죽일 살 자가 들어 있으니까, 함부로 명령하고 망령되이 사람을 죽였다는 뜻입니다. 충선왕이 원에 고분고분하지 않았고 밉보일 행동을 많이 했다는 게 결정적인 이유가 된 거죠. 말 안 듣는 왕은 필요 없다는 겁니다.

이해영 　피는 물보다 진하다고, 그래도 피 한 방울이라도 섞인 충선왕이 충렬왕보다 낫다고 했던 게 진짜 얼마 전인데, 너무 왔다 갔다 하네요.

> † 태상왕(충렬왕)이 금교(金郊)에서 (왕을) 전송하였는데, 술자리가 무르익자 (원의) 사신 보로우가 황제의 명으로 국왕의 인장을 빼앗아 일수왕(逸壽王: 충렬왕)에게 주었다. 이에 태상왕이 복위하였다.
> ―『고려사』「세가」 충선왕 즉위년(1298) 8월 18일

충선왕의 개혁

최원정 충선왕이 고작 8개월간 얼마나 밉보일 짓을 했기에 그랬을까요?

최태성 개혁을 합니다. 고려의 상황을 보면 아버지 충렬왕은 자기가 총
애하는 사람들에게 모든 권력을 맡겼잖아요. 이런 걸 측근 정치
라고 하고요. 소수의 측근에게 재산도 권력도 몰아주는 식이니
까 부정부패가 얼마나 심했겠어요. 그래서 충선왕이 즉위하자마
자 약 30여 개 조의 개혁을 반포하면서 밀고 나가요. 대표적으로
"문란해진 인사 행정을 바로잡겠다."와 "나라에 공을 세운 사람
들을 포상하겠다.", "백성에 대한 착취를 금지하겠다."와 같은 개
혁들을 전광석화처럼 밀고 나갑니다.

이익주 이런 개혁이 충선왕을 대표하는 이미지라고 할 수가 있습니다.
충렬왕의 측근 정치가 낳은 폐단 때문에 삶이 어려워지면서 백
성들이 유망합니다. 다시 말해 자기가 살던 고향을 떠나 뿔뿔이
흩어집니다. 국경을 넘어 요동 지방으로, 원나라로 유망하는 일
까지 벌어집니다. 그래서 이런 문제의 해결이 대단히 시급했고,
충선왕은 실제로 개혁을 통해 그런 일을 바로잡으려고 합니다.
그리고 충선왕의 또 다른 개혁은 관제 개혁입니다. 충렬왕 때 원
의 요구로 고려의 관제를 격하하지 않았습니까? 사실 그때 충렬
왕은 가급적이면 그 말을 안 들으려고 했습니다. 그래서 어쩔 수
없이 따라가면서 고려의 상위 관청만 격하해 놓고, 중하위 관청
은 그대로 둡니다. 이러니까 관부끼리 격이 안 맞는 거예요. 요
즘 말로 하면 본부장을 과장으로 격하해 놓고는 국장이나 부장
은 그대로 둔 겁니다. 그러니 고려의 관제가 과장이 위에 있고,
국장과 부장은 그 아래에 있는 기형적인 모습이 되죠. 그래서 충
선왕은 고려의 관제를 개혁하면서 전부 고치려고 합니다.

류근 정리가 안 되고 혼란스럽습니다. 충선왕은 충렬왕의 잘못된 점

을 개혁하고 효율적으로 고쳐 낸 건데, 그게 왜 숙청의 빌미가 되는지 이해가 안 가요.

신병주 중요한 문제는 그런 개혁 조치들을 원에게 보고하거나 상의하는 절차가 없이 시행했다는 거죠. 그래서 원으로서는 충선왕이 통제가 제대로 안 된다고 본 거예요. 그렇게 되면서 결과적으로 원과 갈등을 빚습니다.

이해영 원 쪽에서 보면 충선왕이 고려에서 자기들 권위를 충실하게 대행만 하면 되는데, 자의적으로 독자적인 행보를 걸으려고 하니까 좀 불편했던 겁니다. 그럴 바에는 차라리 핏줄이고 뭐고 간에 충렬왕이 낫다고 판단한 거고요.

류근 정치적 이해가 첨예하게 대립하는 상황에서 결국은 조비 사건이 충선왕을 끌어내리는 데 방아쇠 역할을 했군요.

이익주 원은 충렬왕을 복위하게 한 다음에도 충렬왕을 계속 견제합니다. 그러면서 고려에 좀 더 안정적으로 간섭할 수 있는 길을 찾죠. 충렬왕과 충선왕은 정책에서 상당히 다른 시각을 가지고 있었습니다. 충렬왕은 가급적이면 원과 일정한 거리를 둠으로써 고려의 독립성을 지키려고 했죠. 반면에 충선왕은 태어나면서부터 매우 융성한 원의 문화를 경험합니다. 쿠빌라이 칸 때가 원의 성세죠. 그러면서 원의 문화를 좀 더 적극적으로 받아들여 고려를 개혁할 수 있다고 생각했던 겁니다. 결국 이러한 차이가 아버지와 아들의 대립으로 나타나고, 이 대립이 상당한 기간 계속됩니다.

고려 연예가중계: 계국대장공주 개가 사건

이광용 왕궁 스캔들만 집중적으로 전해 드리는 저도 이런 충격적인 소식은 정말 처음입니다. 다시 왕위에 오른 충렬왕이 며느리인 계국대장공주의 개가를 추진한다고 합니다.

이해영 어? 이게 무슨 소리에요? 충선왕과 계국대장공주가 이혼했어요? 안 하지 않았어요?

최원정 그러니까요. 며느리를 다시 결혼시킨다는 얘기는 아들과 헤어지라는 소리잖아요.

이광용 충선왕과 계국대장공주는 법적으로는 이혼하지 않았지만, 사이가 좋지 않아 사실상 별거 상태에 있었습니다. 며느리인 계국대장공주를 개가하게 한다는, 항간에 떠도는 소문이 대체 무슨 일인지 시아버지인 충렬왕을 모시고 이야기를 나눠 보겠습니다. 며느리인 계국대장공주를 개가시키려 한다는 게 사실입니까?

충렬왕 사실이요. 며느리를 계속 독수공방하게 두니 마음이 아프오. 우리 며느리 어쩌란 말이오.

이광용 아니, 그래도 보통 시아버지는 아들 편을 들기 마련인데, 상당히 특이하시네요. 그러면 염두에 둔 며느리의 새 남편감은 따로 있습니까?

충렬왕 내가 꼼꼼히 살펴봤는데, 물망에 오른 딱 한 사람이 있소. 서흥후 왕전이라는 사람인데, 얼굴이 잘생겼소.

이광용 근데 당사자 의사가 가장 중요하잖아요. 며느리인 계국대장공주도 동의하던가요?

충렬왕 서로 마음만 맞으면 되는 거 아니요? 내가 왕전에게 옷을 쫙 빼입힌 다음에 조언을 하나 해 줬지. 며느리에게 자주 들르라고 했더니, 왕전이 말을 잘 들어. 그래서 그 며느리 앞에 왔다 갔다 하며 나타나다 보니까 서로 눈이 맞았소.†

이광용 그런데 항간에는 며느리를 개가하게 하려는 게 아들인 충선왕을 견제하려는 의도가 아니겠냐는 소문이 있거든요.

충렬왕　그 무슨 소리요? 내 의도는 순수하오. 아니, 공주도 사람인데, 얼마나 외롭겠소? 외로운 사람끼리 서로 모셔 혼인하면 가정도 생기고, 우리 아들은 원에서 쭉 살고…… 어쨌건 나는 며느리에 대한 마음을 알리고 개가 허락도 받으러 원에 가야겠소. 다음에 봅시다.

이광용　여러분, 충렬왕의 의도대로 계국대장공주의 개가는 성사될 수 있을까요?

> † 왕전은 외모가 아름다워 충렬왕이 그로 하여금 고운 옷을 입고 여러 번 오가게 하여 공주가 보게 하였다.
> ─『고려사』「계국대장공주 열전」

계국대장공주의 개가 시도, 그 결과는?

최원정　시아버지가 며느리를 개가하게 하려고 한 이 사건, 충격적입니다.

이해영　게다가 이혼도 아직 안 했다는데, 정말 충격적이에요.

이익주　계국대장공주의 개가는 충선왕과 이혼하는 것을 전제로 추진한 것일 겁니다. 문제는 고려 왕이라는 지위가 원 황실의 부마 지위와 연결되어 있다는 점입니다. 충선왕이 왕위에서 물러났지만, 부마 지위를 그대로 유지하는 한 다시 다음 국왕이 될 자격도 있다고 할 수 있는데, 계국대장공주가 개가하게 되면 충선왕의 부마 지위가 없어집니다. 그렇다면 충선왕은 고려 왕이 다시 될 자격을 상실할 수도 있는 결과가 나오기 때문에, 바로 이런 점을 노려 충렬왕이 계국대장공주의 개가를 추진했다고 할 수 있습니다.

최원정　충렬왕의 머릿속에 시나리오가 잘 짜여 있어요. 치밀하고 무서운 사람이에요.

신병주　충렬왕은 1305년에 최측근인 왕유소라는 인물을 데리고 계국대장공주의 개가를 허락받기 위해 원나라로 직접 들어갑니다. 상당히 신경을 썼다는 걸 보여 주죠. 왕유소가 원 황실에 다음과 같이 설명합니다. "충선왕이 평소에 자식 된 도리를 잃었고, 계국대장공주와도 잘 지내지 못하기 때문에 우리가 정말 부득이 서흥후 왕전을 공주와 혼인시키려고 한다."† 근데 의외로 원 황실에서 호의적으로 받아들이지 않아요. 서흥후 왕전은 왕의 아들이 아니므로 공주의 상대로는 부적절하다는 거죠. 감히 부마 자리를 넘보다니, 절대 안 된다고 하고는 이런 보고를 한 왕유소를 부자 사이를 이간한다는 명목으로 오히려 체포하는 일까지 일어나 버립니다.

이익주 　충선왕 쪽에서 결정적으로 생각하지 못한 것이 있습니다. 충선왕이 쿠빌라이 칸의 외손자라는 사실이죠. 따라서 서흥후 왕전이 왕의 아들이라 하더라도 충선왕과의 경쟁에선 절대로 이길 수 없습니다. 따라서 원에서는 이 개가 요청을 받아들이지 않았던 겁니다.

최원정 　충선왕의 부마 자격을 박탈하려는 충렬왕의 계획은 완전히 실패했군요.

류근 　반면에 충선왕의 방어 공작도 있었을 거라고 생각하게 돼요. 그래도 충선왕이 나름대로 황금 씨족인데, 호락호락 당하고만 있었을까요?

최태성 　맞습니다. 실제로 충선왕은 폐위된 이후 원에 10년간 있으면서 인맥을 차곡차곡 쌓아 놔요. 1307년에 원의 제2대 황제인 성종이 죽자 빈 황위를 두고 다툼이 벌어지거든요. 그 황위 다툼에 충선왕이 적극적으로 뛰어듭니다.

이해영 　말하자면 대선 캠프에 들어가 적극적으로 활동했다고 볼 수 있는 거네요.

원의 무종과 인종 형제 쿠빌라이 칸의 증손자이자 원 성종의 조카들이다.

최태성 '킹 메이커' 역할을 열심히 한 거죠.

이해영 이럴 때 줄을 어디에 서는지가 중요한데, 결과는 어떻게 됐어요?

류근 정치적 도박인데, 이거 어떻게 될지⋯⋯.

최태성 충선왕이 지지한 사람이 황제가 됐어요. 그 사람이 바로 원의 무종입니다. 기록에는 이렇게 나와 있어요. "원의 무종과 인종이 아직 황제 자리에 오르기 전에 늘 충선왕과 함께 지내면서 밤낮으로 서로 떨어지지 않았다." 이쯤 되면 둘의 관계 아시겠죠?

이해영 막역한 사이네요. '베프'이자 '절친'입니다. 충선왕이 촉이 좋네요.

최태성 기가 막히게 줄을 섰어요.

류근 대세를 읽는 능력이 탁월했네요.

이익주 충선왕은 그저 줄을 선 정도가 아닙니다. 충선왕을 호위하는 시위 군사들이 직접 내전에 참여합니다. 매우 적극적으로 가담한 거죠. 반면에 충렬왕은 충선왕이 지지한 무종 및 인종 형제와 대립하는 쪽에 줄을 섭니다. 그 바람에 원에서 벌어진 내전이 끝난 다음에 충렬왕과 충선왕의 처지가 아주 극명하게 대비되면서 세력이 역전됩니다.

류근 아들은 공신이고 아버지는 역적이 된 거잖아요.

> † 왕유소 등이 참소하기를, "전왕이 평소 자식 된 도리를 잃었고 공주와도 잘 지내지 못하기 때문에 우리 왕께서는 이를 못마땅하게 여겨 툴루게(禿魯花) 서흥후 왕전을 후계자로 삼고자 한 지가 하루이틀이 아닙니다. (……) 이제 전왕이 승려가 되려는 것을 들어주고, 이어서 왕전이 공주와 결혼하게 한다면 우리 왕의 뜻에 부응할 수 있을 것입니다."라고 하였다.
> ─「고려사」, 「왕유소 열전」

충렬왕의 죽음과 충선왕의 복위

신병주 결국은 원에서 힘을 키운 충선왕이 계국대장공주와 혼인할 뻔했던 서흥후 왕전을 비롯해 반대파를 다 죽여 버려요. 충렬왕은 측근도 다 잃고 힘이 없어진 상황에서 1308년에 73세를 일기로 사망합니다.

최원정 그러면 충렬왕과 충선왕, 즉 아버지와 아들 사이는 결국 화해하지 못하고 끝나나요?

신병주 충렬왕이 병으로 거의 죽을 상황에서 남긴 말을 보면 "한 번이라도 충선왕을 볼 수 있을까 생각하고 진작 글을 보내 돌아올 것을 재촉했지만, 이제 하늘이 준 수명이 다해 어찌 서로 볼 수 있겠는가?"라고 하면서 아쉬워했다고 나옵니다. 아들인 충선왕은 아버지가 사망했다는 소식을 듣고는 급하게 돌아옵니다. 그래도 아버지의 마지막을 최대한 지키겠다며 원의 수도인 대도(지금의 베이징)에서 출발해 밤낮 없이 길을 재촉해서 10여 일만에 개경에 도착했다는 기록이 있어요.†

류근 똑같은 역학 관계에 있었던 부자인데도 다르네요. 바로 지척에 두고도 아버지 흥선대원군의 장례식장에 가지 않은 고종에 비하면 밤낮없이 열흘을 달려온 충선왕은 다릅니다.

이익주 그래서 충선왕이 폐위된 지 10년 만에 복위합니다. 사실 충선왕

랴오양 백탑 랴오양시를 대표하는 건축물로, 몽골이 지배하기
직전인 금 시기에 세워졌다.

의 전성기는 복위하기 한 해 전인, 무종을 옹립한 직후부터 시작
됩니다. 그때 원에서 심왕으로 책봉받습니다. 지금의 중국 선양
시와 랴오양시를 중심으로 하는 지방을 분봉받으면서 원의 여러
왕 가운데 하나가 된 것이죠. 이런 상황에서 마침 충렬왕이 세상
을 떠나면서 고려 왕까지 되어 두 개의 왕위를 겸합니다. 그리고
또 한 가지, 원에서는 여러 가지 중요한 정책이 어전회의에서 토
의되고 결정되는데, 여기에 참여하는 사람들을 케식으로 부릅니
다. 충선왕이 바로 케식의 일원으로서 원의 중요한 정책을 결정
하는 회의에 참석하면서 원의 실력자가 됐죠.

이해영 　충선왕이 처음에 잡은 권력은 사실 쿠빌라이 칸을 등에 업고, 원
　　　　황실의 부마라는 지위를 등에 업고 얻은 권력이잖아요. 근데 이
　　　　번에는 충선왕이 자기만의 힘으로 자기 지위를 끌어올렸다고 볼

수 있을 것 같아요.

최태성 충선왕이 고려의 질서를 한번 바로잡겠다며 10년 전에 30여 개 조의 개혁을 밀어붙이려고 했는데 실패한 것 기억나세요? 힘을 키워 돌아온 충선왕은 이 시점에서 고려 왕으로서 그때의 정책을 다시 추진합니다. 실제로 이 시기에는 원의 간섭이 상당히 줄어드는 모습도 보이고요.

> † 왕이 분상하기 위해 원에서 돌아왔는데 밤낮없이 길을 재촉해 10여 일만에 도착했다. 먼저 빈전(殯殿)에 나아가 곡을 하고 제사를 올렸다.
> —『고려사』「세가」 충선왕 복위년(1308) 8월 26일

원에 머문 충선왕

신병주 뭔가 이렇게 충선왕이 상승 곡선을 타는 것 같은데, 또 한 번의 반전이 일어납니다. 충선왕이 원나라로 갑니다. 그리고 고려 왕으로서 5년간 재위하면서도 고려로 돌아오지 않아요.

류근 원 황실에서 부른 건가요? 아니면 자발적으로 간 거예요?

이익주 자발적으로 갔습니다.

이해영 그러면 나라는 어떻게 다스려요? 고려는 어떻게 됩니까?

신병주 원으로 가서 돌아오지는 않는데, 거기서 전지 정치를 합니다. 전할 전(傳) 자에 교지를 뜻하는 지(旨) 자로, 왕이 신하들에게 교지를 전해서 정책을 시행하게 하죠. 일종의 원격 정치라고나 할까요?

류근 요즘으로 치면 인트라넷³으로 업무를 지시하는 셈일까요?

최태성 인트라넷보다는 화상회의로 업무를 지시하는 것에 가깝죠.

최원정 지금이야 뭐 멀리 있어도 바로 연락되지만, 그때 기술로 원격 통치를 할 수 있었을까요?

이해영 말이 좋아 원격 통치지, 외국에 잠깐 머무르는 것도 아니고 그냥

티베리우스 로마 제국의 제2대 황제인 티베리우스는 이탈리아 남부의 카프리섬에 머물며 측근을 통해 로마를 원격으로 통치했다.

가서 사는 건데, 이건 방치 아닙니까?

이익주 방치한 것은 절대 아닙니다. 자리를 지키지 않으면서도 전지를 통해 계속 고려의 개혁을 추진합니다. 그래서 이때 고려에서 재정을 확충하기 위한 개혁이 추진되어 상당한 성과를 거둡니다. 마치 고려 왕이 꼭 고려에만 있을 필요는 없다는 것을 보여 주는 것처럼 말이죠. 문제는 다른 곳에서 터집니다. 충선왕의 정책을 대행하는 '아바타'들의 발호라고 표현하면 될까요? 이 사람들에게 권력이 집중되면서 충선왕이 그토록 피하려고 했던 아버지의 측근 정치가 재현됩니다. 고려에 남은 측근들이 인사권을 장악하고, 소수의 측근이 여러 가지 재정 개혁 정책을 운영하면서 사적인 이해관계가 개입되는 폐해가 일어나죠.

류근 　충선왕이 아버지의 측근 정치를 미워했다고 했잖아요. 근데 어떻게 똑같이 할 수 있나요? 결국에는 자기도 소수 관리에게만 힘을 몰아줘 국가적 폐단을 만든 거 아닙니까?

이해영 　부자 관계가 그런 것 같아요. 아들은 늘 아버지를 의식하고 경계하면서 아버지처럼은 안 하겠다고 크는데, 결국에는 안 닮으려고 했던 아버지의 단점을 닮네요.

신병주 　충선왕이 원에서 원격으로 시행한 전지 정치가 원활하게 돌아가진 않아요. 측근들의 부패도 많다 보니까 충선왕의 의도가 중간에서 제대로 잘 전달되지 않았죠. 그러다 보니까 고려 조정에서도 충선왕에게 계속 고려로 돌아오라고 요청합니다. 그런데 충선왕이 이렇게 변명하죠. "내가 돌아가고 싶기는 한데, 원나라 황제도, 황태후도, 심지어 황태자까지 나를 너무 좋아하니까 못 가겠다."†

최태성 　그러니까 결론은 나는 고려보다 원이 더 좋다는 얘기잖아요.

이해영 　그쪽에선 충선왕을 좋아하지만, 이쪽에선 충선왕이 필요한데 말이죠. 게다가 개혁을 다시 단행했다는 이야기를 듣고 나서 바로 원에 가서 안 돌아왔다는 이야기를 들으니까 너무 충격적입니다.

최원정 　그런데 멀리 원에서 전지 정치를 펼친 충선왕에게 선택의 순간이 다가옵니다.

> † 오정규를 원으로 파견하여 (원 황제가) 존호를 받은 것을 하례하였다. 정승 최유엄 등이 그 편에 왕에게 글을 올려서 환국을 요청하였다. (……) 이때 황제와 황후, 황태자가 왕을 매우 총애하였으므로 왕이 받아들이지 않았다.
> —『고려사』「세가」 충선왕 1년(1309) 4월 27일

고려 왕과 심왕, 무엇을 택할 것인가?

1312년, 원 황실은 충선왕에게
고려로 환국할 것을 명한다.

하지만 충선왕이 핑계를 대며 미루자,
원은 충선왕에게 고려 왕과 심왕 중
하나를 택하라고 압박을 가한다.

결국 충선왕은 아들 강릉대군에게
고려 왕위를 물려준다.

충선왕은 고려로 돌아가는 대신에
원에 남는 길을 선택한 것이다.

충선왕의 선택

최원정 고려 왕이 왕 자리도 마다하고 원에 남는 길을 택했습니다.

최태성 당시 상황을 말씀드리면, 충선왕이 고려 왕과 심양왕을 겸하니까 권력이 매우 셀 거 아니에요? 당연히 견제하는 세력이 생길 수밖에 없죠.

이익주 원 황실에서 충선왕에게 환국을 종용한 것은 한 사람이 두 개의 왕위를 가져선 안 된다는 명분을 거부할 수가 없었기 때문입니다. 그 당시에 몽골의 모든 왕이 하나의 왕위를 가졌는데, 충선왕만 두 개를 가졌거든요. 따라서 일신상에 두 왕위를 겸하는 것은 옳지 않고 부당하다며 문제를 제기하는 쪽에서는 충선왕이 요심 지방에서 지닌 영향력을 빼앗으려 했습니다. 충선왕이 심왕의 자리를 내놓고 고려로 돌아가리라 기대했던 거죠. 그런데 충선왕이 뜻밖의 결정을 한 겁니다.

이해영 충선왕이 원에서 지닌 자기 영향력을 지키고 싶었다고 하더라도, 당연히 고려를 택해야 하는 거 아닙니까? 너무 충격적이고 실망스럽습니다.

류근 저도 어이가 없고 충선왕의 선택에 동의하고 싶지는 않은데, 이쯤에서 한번 충선왕의 태생적 본질을 생각해 보죠. 충선왕은 고려와 원의 피가 섞인 혼혈왕이지 않습니까? 근데 고려에선 아버지 충렬왕과 왕위를 다투고, 특히 계국대장공주와 갈등에 시달리면서 별로 편할 날이 없었단 말이에요. 그러니 어쩌면 충선왕에게 처음부터 마음의 고향은 원이 아니었을까 하고 생각하게 돼요.

이해영 아무리 그래도 한 나라의 왕이 자기 마음 편하자고, 마음의 고향에 머물겠다고 자기 나라를 버리는 게 말이 됩니까? 너무 이상한 일 아니에요?

류근   딜레마는 딜레마에요. 인간적 시각에서 충선왕을 한번 생각해
　　　　보자는 겁니다. 충선왕은 쿠빌라이 칸의 외손자로 태어나 어릴
　　　　때부터 원에 자주 왕래를 했어요. 특히 폐위된 후에는 10년간이
　　　　나 원에서 생활하면서 공신까지 되지 않았습니까? 게다가 원나
　　　　라 황제와 절친한 사이에요. 경계인으로서 지닌 자기모순 내지
　　　　한계가 있지 않았을까 하고 생각하게 돼요. 이익주 교수님께서
　　　　충선왕이라면 어떤 선택을 하셨겠습니까?

이익주   저라면 고려 왕과 심왕 둘 다를 지키는 방법이 뭐가 있을까 생각
　　　　했을 겁니다. 충선왕은 심왕을 선택함으로써 고려 왕도 실질적
　　　　으로 계속 겸할 수 있습니다. 하지만 고려 왕을 선택하면 심왕은
　　　　겸할 수가 없습니다. 그러니 여러분이라면 어떻게 판단하셨겠습
　　　　니까? 충선왕이 고려를 위해 어떤 정치를 할 것인지 고민할 때,
　　　　자기 권력의 기반이 전부 원에 있다는 점을 떠올렸을 겁니다. 원
　　　　황실의 지지가 있다고는 하지만, 이러한 지지도 경쟁자의 존재
　　　　로 말미암아 아주 안전하지 않습니다. 이런 상황에서 어떻게 하
　　　　면 두 개의 지위를 동시에 지킬 것인지 생각한다면 충선왕의 선
　　　　택이 그렇게 잘못된 것도 아니죠.

류근   대단히 전략적인 선택일 수 있다는 거네요. 정말 너그럽게 생각
　　　　해 보면 충선왕은 원의 국무 정책까지 관여한 최고 서열의 고려
　　　　인이잖아요. 결국 원에 남는 게 고려의 국가이익에 도움이 된다
　　　　고 생각했을 여지가 있는 것 같아요. 충선왕의 선택은 정치적이
　　　　면서 인간적인 선택입니다. 선택을 두고 갈등했을 여러 가지 요
　　　　인이 있네요.

충선왕의 말년

최원정   지금 시각으로도 의견이 매우 분분할 수밖에 없는, 논란의 여지

가 많은 선택이네요. 그래서 원에 남은 충선왕은 어떤 삶을 보내나요?

최태성 원의 황제가 당시에 신하로서 서열 1위라고 할 수 있는 우승상 자리를 준다고 할 정도로 아주 승승장구하죠. 원에서 과거제도를 시행한 것도 충선왕의 권유 때문이었다는 얘기도 있을 정도입니다.

이익주 그리고 이때 충선왕이 연경에 만권당이라는 곳을 만들어 수많은 한인 성리학자를 모아 후원합니다. 이러면서 자연스럽게 만권당이 원에서는 상당히 학문적으로 수준이 높은 연구가 이루어지는 장소가 됩니다. 여기에 충선왕이 고려 사람이 없어서는 안 되겠다고 해서 젊은 이제현⁴을 불러 원의 성리학자들과 교류하게 함으로써 고려에 성리학이 수용되는 결정적인 계기를 만듭니다.

신병주 충선왕이 만권당에서 쟁쟁한 학자들과 학문을 연구하고 토론도 하면서 뭔가 아름다운 시절을 보냈을 것 같잖아요. 그런데 또 한 번 반전이 일어납니다. 세 사람이 밤낮을 함께할 정도로 충선왕과 가까웠던 원의 제3대 황제 무종과 제4대 황제 인종이 사망합니다. 이어 제5대 황제로 영종이 즉위하면서 충선왕의 정치적 입지가 좁아져 토번으로 유배를 갑니다. 지금으로 얘기하면 티베트 지방으로 간 거죠.

이해영 티베트요? 너무 먼 거 아니에요? 얼마나 멀리 간 거죠?

신병주 티베트는 그 당시 기록을 보면 1만 5000리 길로 나와 있습니다. 환산하면 대략 5890킬로미터죠. 충선왕이 유배되었을 때 생활한 모습이 『익재집』에 기록으로 남아 있어요. "소달구지에 노숙하며 어렵게 움직이다 반년이 되어서야 그 지역에 들어섰다. 왕이 보릿가루를 먹었고, 토굴에 살아서 갖은 고생이 정말 말도 아니었다." 풍찬노숙(風餐露宿)이라는 말이 있잖아요. 바람을 먹고 이

이제현 초상화 이제현이 33세가 되던 해인 1319년에 그려진 것이다.

샤카 사원 티베트로 유배된 충선왕이 머물던 곳이다.

슬에 잠잔다는 뜻인데, 딱 그 모습이에요.

이익주 문제는 충선왕이 권력을 잃으면서 고려가 아주 심각한 위기에 빠집니다. 지금까지 고려라는 나라가 부정된 적이 없었는데, 충선왕이 유배 간 상태에서 고려라는 나라를 없애고 원의 한 지방, 즉 행성으로 만들자는 책동이 일어납니다.

류근 원 황실 내부에서 그런 논의가 일어났다는 거예요?

이익주 대체로 부원 세력, 그러니까 주로 고려 사람들이 그런 주장을 하고 나서요. 원 황실에서도 그 논의를 있을 수 있는 것으로 받아들이는 분위기가 조성되고요.

류근 충선왕이 사라지니까 끈 떨어진 연이 되니 차라리 나라를 갖다 바치자는 거 아니에요? 어느 시대나 매국노들이 있다니까요.

이익주 이런 결과를 놓고 보면 충선왕의 정책에 문제가 있었다는 사실을 발견할 수 있습니다. 충선왕은 자기 개인의 힘을 키우고, 그 힘을 앞세워 고려에 대한 원의 간섭과 수탈을 줄이면서 국익을 추구하려고 했다고 평가할 수 있습니다. 문제는 이런 방식이 성공했을 때는 여러 가지 이점을 누릴 수가 있지만, 실패하면 이렇게 나라의 존망의 위기에 처하는 문제가 생깁니다.

류근   국가든 개인이든 어떤 시스템이 아니라 한 개인의 카리스마로 운영되는 것의 위험성 같은 것들이 여실하게 보이는 장면이 아닌가 하는 생각이 듭니다.

이익주   이런 점에서 원과 일정한 거리를 두면서 고려의 국가적인 독립을 유지하고자 했던 충렬왕의 정책이 주목됩니다. '불개토풍'의 원칙에 따라, 즉 세조에게서 고려 국가의 유지를 약속받았다는 세조구제를 앞세워 대원 외교를 일관되게 유지해 나간 충렬왕의 정책을 재평가할 여지가 있습니다.

최원정   처음에는 아버지의 정인을 죽인 아들이 그 아버지와 왕위를 두고 쟁탈전을 벌인 이야기, 그리고 반전 넘친 삶 이야기로만 생각했는데, 그렇게만 해석할 문제가 아니네요.

최태성   단순하게 바라볼 이야기가 아니죠. 충렬왕과 충선왕이 어떻게 원을 활용해 고려를 유지하려 했는지를 보면 방향이 좀 다르잖아요. 원 역시 충렬왕과 충선왕을 어떻게 활용해 고려를 지배할 것인지 고민한 측면도 보이고요. 이렇게 무척 복합적인 힘 대 힘, 개인 대 개인, 나라 대 나라의 역사적 측면을 입체적으로 읽어야 하지 않을까 하는 생각이 드네요.

류근   원이라는 큰 제국의 이해에 의해 아버지와 아들의 정치적 입지는 물론이고 정책 실현의 가능성조차 결정되는 시대였다는 게 가슴에 무거운 돌덩이를 얹은 것처럼 착잡한 비애로 다가옵니다. 온전한 국가의 필요성과 중요성을 다시 한번 생각하게 됩니다.

3

기황후,
공민왕을
세우다

충선왕이 원의 정쟁에 희생되어 권력을 잃은 후 고려는 역풍을 맞았다. 충선왕에 의해 부마·고려국왕의 존재가 원의 정치와 무관하지 않다는 사실이 확인되었고, 이후로는 거꾸로 원의 정세 변화가 고려에 영향을 직접 미쳐 왔다. 그 때문에 충숙왕과 충혜왕이 자기 의지와 관계없이 부자간에 왕위를 주고받는 일이 벌어졌다. 국왕의 교체는 측근을 중심으로 한 권력 집단의 교체를 수반함으로써 정치적 혼란을 가중시켰다. 게다가 원의 영향력이 커지면서 원에 기대어 발호하는 부원 세력이 등장했다.

부원 세력은 원에 들어가 출세하거나 원의 정치 세력과 손잡고 고려에서 권세를 부렸다. 이들은 여느 권문세족과 마찬가지로 관리 인사에 부당하게 개입하고 일반 민의 토지를 빼앗는 등 불법행위를 저질렀다. 일부는 고려를 없애고 원의 지방 기구인 행성을 설치하자고 주장해 망국의 위기를 초래하기까지 했다. 이에 대해 고려는 쿠빌라이 칸이 고려의 독립을 약속한 세조구제를 들어 반대함으로써 겨우 막을 수 있었다. 하지만 부원 세력의 힘은 점점 더 강해졌고, 기황후의 등장으로 절정에 달했다.

기황후는 몽골의 역대 황후들과 달랐다. 고려인이라는 점도 그렇지만, 자기 세력을 형성하고 정치에 직접 참여했다는 점이 특이했다. 고려의 정치에도 깊이 관여했으므로 고려국왕을 정하는 문제에서 가장 큰 영향력을 행사했다. 따라서 공민왕이 즉위하는 데도 기황후가 결정적 역할을 했을 것이다. 하지만 공민왕은 기황후의 뜻을 받들기보다는 고려를 개혁하는 데 힘을 기울였다. 개혁 대상은 불법행위를 일삼는 권세가들이었고, 그 가운데는 기황후의 일족을 포함한 부원 세력도 들어 있었다. 따라서 공민왕의 개혁은 필연적으로 기황후와 충돌할 수밖에 없었다.

공민왕은 개혁을 추진하면서 기황후의 벽에 부딪혔고, 기황후 뒤의 원 세력을 의식하지 않을 수 없었다. 그러한 때에 마침 중국에서 원이 쇠퇴하는 조짐이 나타났고, 공민왕은 그러한 상황을 이용해 전면적인 반원 운동을 일으켰다. 1356년에 기철 등 부원 세력을 제거하고 원에 빼앗겼던 쌍성총관부를 탈환하는 것으로 시작된 반원 운동은 큰 성공을 거두어 거의 100년간 계속된 원의 간섭이 종식되었다. 이후 개혁이 다시 추진되었다. 권세가들이 빼앗은 토지를 본래 주인에게 돌려주고 억지로 노비가 된 사람들을 양인으로 회복하는 것이 개혁의 핵심이었다.

　　하지만 개혁은 순조롭지 않았다. 개혁에 반대하는 세력이 만만치 않았던 데다가, 1359년부터 홍건적의 침략이 시작되었기 때문이다. 홍건적은 몽골족의 지배에 저항한 한족 농민군으로, 이 무렵 원의 수도를 공격했다가 패배하고 쫓기다 고려를 침략했던 것이다. 이를 계기로 원과 관계를 개선할 필요성이 제기되었는데, 원에서는 기황후가 이런 상황을 이용해 공민왕에 대한 보복을 꾀했다. 공민왕을 폐위하고 충선왕의 서자인 덕흥군을 새로운 국왕에 책봉했으며, 군대를 동원해 고려를 공격하기도 했다. 고려에서는 부원 세력이 이에 호응해 공민왕을 암살하고자 반란을 일으켰다.

　　공민왕과 기황후의 대결은 공민왕의 승리로 끝났다. 고려를 침략한 원의 군대는 최영과 이성계에게 크게 패했고, 권토중래할 겨를도 없이 1368년에는 원이 주원장의 명에 수도를 빼앗기고 북쪽으로 쫓겨 갔다. 그리고 그곳에서 기황후는 쓸쓸한 최후를 맞았다. 반면 공민왕은 친명(親明) 정책과 반원 정책을 더욱 강화하고, 신돈을 등용해 개혁에 박차를 가했다.

　　기황후는 고려와 원에 어두운 유산을 남겼다. 고려의 개혁을 가로막은 것은 물론이고, 공민왕에게 사적이고 감정적으로 보복해 고려의 반원 의지를 강화했으므로 새로 등장한 명에 대해 고려와 원이 공동으로 대응할 여지를 없애 버렸던 것이다. 이런 점에서 1388년에 일어난 원의 멸망과 1392년에 일어난 고려의 멸망에 기황후의 책임이 없다고 할 수 없다.

공민왕과 기황후, 승자는 누가 될 것인가?

이광용 세기의 대결이 벌어지는 현장에 오신 여러분을 환영합니다. 때는 14세기, 고려를 넘어 중원의 운명까지 결정지을 이 시대의 진정한 대결! 먼저 양 선수를 소개합니다. 청 코너, "삼수 끝에 왕위에 올랐다. 고려는 내게 맡겨라." 고려의 공민왕!

공민왕 누군가 내게 너의 소원이 무엇이냐 묻는다면 첫째는 고려의 독립이요, 둘째도 고려의 독립이요, 셋째 역시 원으로부터 우리 고려의 자주독립이라 말할 것이오.

이광용 자주독립을 향한 공민왕의 열망이 정말 엄청납니다. 그렇다면 공민왕과 맞붙을 상대는 누굴까요? 홍 코너, "공녀 출신이라고 무시하지 마라. 중원의 주인은 바로 나다." 대원 제국의 기황후!

기황후 아니, 공민왕 네 놈이 고려 왕이 된 것은 다 내 덕이거늘, 감히 옛 은혜와 의리를 잊고 도전장을 던져? 내 너를 용서하지 않겠다.

이광용 고려의 공민왕 대 원나라 기황후의 한판 대결! 개인과 국가의 운명을 건 승부! 지금 시작합니다.

기황후, 공민왕을 고려 왕으로 세우다

"고려도 나를 기억하고 있을까?"

공민왕이 원에 온 지 10년째 되던 겨울,
숙위 생활을 하던 공민왕에게
뜻밖의 소식이 전해진다.

"마마께서 보위에 오르셨사옵니다.
이제 꿈에도 못 잊어 하시던
고려로 돌아가시게 되었사옵니다."

1351년, 조카인 충정왕이 폐위되자
새로운 고려 왕이 되어 귀향하는 공민왕!

그런데 공민왕의 금의환향에
결정적 역할을 한 여인이 있었다.

바로 고려 공녀로 원나라에 끌려가
황후 자리까지 오른 여인, 기황후였다!

세기의 대결: 공민왕 대 기황후

최원정 기황후와 공민왕에 관한 이야기, 매우 흥미진진할 거 같죠?

최태성 교과서에는 기황후에 관한 언급은 거의 없다고 보시면 돼요. 하지만 드라마 소재가 될 정도로 아주 극적인 인물이잖아요. 고려 출신으로서는 최초로 원의 황후가 되어 14세기에 고려뿐만 아니라 원까지도 좌지우지했던 여걸 중의 여걸입니다.

신병주 그 당시에 어쨌든 원이라는 세계 대제국의 황후가 되었다는 게 상당히 놀랍긴 하죠.

류근 저는 기황후라고 하면 고려에 고통을 준 악녀라는 이미지가 딱 떠올라요.

이익주 그렇죠. 기황후에 관한 평가는 일반적으로 그렇게 좋은 편은 아닙니다. 원나라 사람들 사이에서는 기황후가 황후가 되는 것을 반대하는 목소리가 아주 높았다고 합니다. "지금 이렇게 재이가 자주 벌어지고 홍수와 지진 같은 일이 벌어지는 것이 음기가 너무 강하기 때문이다. 그것이 저 고려 황후 때문이다."라는 이야기가 그 당시에도 많이 돌았죠.† 원이 망하고 명이 선 다음에 한족들 사이에서도 기황후 때문에 원이 망했다는 이야기가 나올 정도였고요.

> † 감찰어사 이필이 말하기를 "기씨가 황후가 된 후 재변이 자주 일어나고 하천이 범람하고 지진이 일어나고 도적이 번성했습니다. 음이 성하고 양이 쇠미한 현상입니다. 기씨를 황후에서 비로 낮추어야 재변이 없을 것입니다."라고 했다.
> —『원사』 「본기」 순제 지정 8년(1348)

기황후의 숨겨진 과거?

최원정 그야말로 나라를 말아먹은 악녀와 자기 운명을 스스로 개척한 철의 여인 사이를 오가네요. 이미지가 매우 상반되는데, 원래는

대청도 지두리 해변 원 순제는 제위에 오르기 전에 대청도에서 유배 생활을 하기도 했었다.

공녀로 원에 끌려간 거라면서요?

신병주 그렇죠. 공녀라는 말은 조공 또는 공물로 바쳐진 여성이라는 뜻으로, 원 간섭기에 열 살을 전후한 어린 고려 여성이 많이 원나라에 끌려갔었죠. 정확한 연도는 알 수 없지만, 기황후도 10대 때 공녀로 간 것으로 추정되는데, 1333년에 원나라 황궁에 궁녀로 들어가 처음에는 순제의 차 시중을 들었다고 기록되어 있습니다.

이윤석 공물이라고 하면 저는 지방 특산물을 바친다는 이미지가 떠오르는데, 사람을 특산물 취급한 게 아닌가 싶어 매우 기분이 안 좋습니다. 원에서는 왜 이렇게 어린 여성들을 자꾸 바치라고 한 겁니까?

이익주 초기에는 고려를 공격해 왔던 몽골군의 결혼 상대로 고려 여자들을 징발하는 것에서 시작되었습니다. 강화가 이루어진 다음에는 공녀라는 이름으로 원에 차출되는데, 이때는 일반 평민뿐 아

수녕옹주 묘지명 수녕옹주는 고려 왕족과 혼인했지만, 고명딸을
원에 공녀로 보낸 슬픔으로 사망했다.

니라 고위 관리의 딸, 심지어는 왕족까지도 공녀로 차출되는 것
을 피하지 못합니다. 이렇게 몽골에 간 공녀들은 사실은 신분에
따라 대우가 달랐습니다. 어떤 사람들은 고위 관리와 결혼하기
도 하지만, 대부분은 아주 비참한 생활을 했고, 많은 사람이 궁
중에서 허드렛일을 하는 궁녀로 일생을 마칩니다.

최태성 당시에 공녀 징발에 대한 고려인들의 공포가 기록에 이렇게 나
와 있어요. "고려인들은 딸을 낳으면 비밀에 붙이고, 이웃도 그
딸을 볼 수가 없다. 딸을 숨긴 사실이 발각되면 온 마을이 피해
를 입고 공녀들이 고려 국경을 벗어나려 하면 따르던 자들이 울
부짖는데, 그중에는 분함을 못 이겨 우물에 빠져죽거나, 피눈물
을 쏟고 실명하는 자도 있었다." 제 딸이 공녀가 되어 끌려가는
모습을 생각하면 저도 가슴이 너무 아파서 못 참았을 거 같아요.

록셀라나 노예로 팔려 오스만 제국의 하렘에 들어갔으나,
훗날 쉴레이만 대제의 황후가 되었다.

기황후가 원의 황후가 된 비결은?

류근 얘기를 듣고 보니까 어쨌든 기황후가 참 대단하게 느껴지긴 합
니다. 어떻게 궁중에서 허드렛일이나 하던 일개 공녀 신분에서
원 황실의 황후까지 올라갈 수 있었는지, 이거야말로 좀 비현실
적인 동화 아니에요?

신병주 명나라 때 원 황실의 궁중 비사를 문학으로 표현한 기록을 보면,
기황후의 미모에 관한 표현이 나와요. 얼굴은 살구꽃에 비유하
고, 뺨은 복숭아꽃, 즉 복사꽃에 비유합니다. 복숭아라고 하니까
딱 떠오르죠? 그리고 허리는 버들가지처럼 날씬한 허리로 묘사
합니다.

이익주 기황후는 그 모습이 그림으로 남아 있습니다. 「불랑국헌마도
권」[1]이라는 이름의 그림으로, 교황이 프랑스의 말을 원나라 황

불랑국헌마도권 중앙에 원 순제와 기황후의 모습이 묘사되어 있다.

제에게 보낸 것을 기념해 그린 그림에 나옵니다. 그림 오른쪽에서 네 번째, 그러니까 중앙에 있는 인물이죠. 사실 기황후의 능력은 외모보다는 몽골 여인과는 다른 학식에 있었습니다. 한가할 때는 『여효경(女孝經)』과 각종 역사서를 읽으면서 중국의 역대 황후 가운데에서 본받을 만한 인물이 있는지 공부했다고 합니다. 또한 사방에서 올라오는 공물 가운데 좋은 것이 있으면 태묘에 먼저 바친 후에야 그것을 가졌다는 기록도 있고, 수도 근방에 커다란 기근이 들었을 때는 자기의 사재를 털어서 무려 10만여 명의 장례를 치러주었다는 기록도 있습니다. 이처럼 황실 안에서 상당히 현명하게 처신했다는 기록을 보면 몽골 사람들은 잘 갖지 못했던 유교적인 덕목을 기황후가 가졌던 것으로 보입니다.

최원정 교양과 인덕을 다 갖추었네요.

류근 일설에 의하면 궁녀였던 기황후를 순제가 너무 예뻐하니까 당시에 순제의 제1황후인 타나실리가 질투해 기황후에게 자주 매질을 하면서 욕을 보였다고 해요. 그러니까 기황후가 궁중에서 보낸 삶이 그리 순탄하지만은 않았다는 뜻이겠죠.

최태성 어쨌거나 그 고통을 겪으면서도 기황후가 결정적 한 방을 날립니다. 바로 아들을 낳은 거예요. 기록을 통해 유추해 보면 순제가 얻은 첫 아들일 가능성이 많습니다. 그래서 고려 여성인데도 원 황실의 제2황후로 책봉될 수 있었던 것이죠.

신병주 권력을 행사하려면 뭔가 경제적인 기반이 있어야 하죠. 기황후에게는 그 기반이 바로 자정원이라는 기구입니다. 원의 세 개 현에서 거두어들인 조세로 운영했는데, 여기에 고용보나 박불화 같은 고려 출신 환관들이 본격적으로 활동하면서 이른바 친(親)기황후 세력이 형성됩니다.

이윤석 기황후가 자정원에서 나오는 재력을 바탕으로 고려 처녀들을 데려다 양육해 원의 고위층에 뇌물로 선사했다는 글을 봤어요. 유착 관계를 형성했다는 애긴데, 사실입니까?

류근 진짜 말도 안 돼요. 그건 인신 상납이잖아요. 자기도 공녀 출신이니 그 서러움을 다 알 텐데, 어떻게 그런 일을 벌일 수 있겠습니까?

이익주 그런데 사실입니다. 원의 고위 관리들이 고려 여인들과 결혼하는 풍습이 있다 보니까 자연스럽게 기황후가 고려에서 넘어온 공녀들을 이용해 자기의 권력을 유지하는 수단으로 삼습니다. 실제 사례를 보면, 기황후와 다투던 볼루드 테무르라는 원의 권신이 기황후를 궁궐에 유폐한 적이 있습니다. 그때 기황후가 볼루드 테무르에게 미녀를 자주 들여서, 그러니까 미인계를 써서 빠져나오려고 노력해 환궁했다는 기록이 있습니다.

기황후, 공민왕을 세우다

류근 근데 시작할 때 기황후가 주장한 대로라면 공민왕이 기황후가

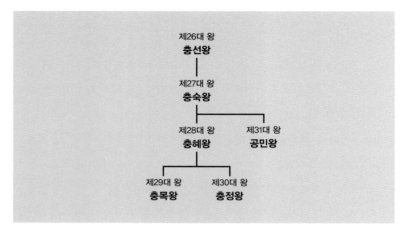

제26대 왕
충선왕

제27대 왕
충숙왕

제28대 왕
충혜왕

제31대 왕
공민왕

제29대 왕
충목왕

제30대 왕
충정왕

공민왕의 계보

보낸 낙하산일 수도 있다는 거 아닙니까? 그게 사실 참 놀랍거든요. 공민왕은 일단 반원 정책을 펼친 개혁 군주로 잘 알려져 있지 않습니까?

신병주 여기서 고려 왕의 계보를 잠깐 살펴보자면, 충선왕의 아들 강릉대군이 충숙왕이 됩니다. 그다음은 충숙왕의 장남인 충혜왕이 잇고요. 참고로 공민왕은 충숙왕의 차남이죠. 충혜왕이 폐위되자 동생인 공민왕이 왕이 될 뻔했는데, 결국에는 아들인 충목왕이 고려 제29대 왕이 되죠. 충목왕은 즉위할 때 여덟 살이었는데, 4년 만에 열두 살의 나이로 병사해요. 그렇게 해서 공민왕이 이제는 자기 차례라고 생각할 때, 이번에는 충혜왕의 서자인 충정왕이 열두 살의 나이로 왕위에 오릅니다. 그러니까 공민왕은 어린 조카 두 명에게 연이어 밀린 거예요. 충혜왕이 폐위되었을 때는 충목왕에게 밀려 재수하고, 충목왕이 죽었을 때는 충정왕에게 밀려 삼수한 거죠. 결국 공민왕은 삼수 끝에 고려 제31대 왕이 됩니다.

이윤석 　이상하네요. 제가 보기에는 형인 충혜왕이 폐위되었다고는 해도 조카들이 그 뒤를 이어 왕위에 오른 것이 자연스러운 일로 보이거든요. 조카들이 죽거나 폐위되니까 공민왕의 차례가 돌아온 게 아닌가요? 왕위 계승이 그냥 순서대로 착착 진행된 것 같은데 말이죠. 딱히 삼수라고 할 것도 없고, 기황후가 따로 힘써 줄 일도 없는 것 같습니다.

최원정 　그러네요. 저 정도면 자동 승계예요. 기황후가 군이 힘쓸 일이 없었을 것 같은데요.

이익주 　문제는 충혜왕이 왕위에 있을 때 동생인 공민왕이 원에 들어가 숙위했다는 점입니다. 그 당시에는 원에 가서 숙위하는 사람이 그다음 왕이 된다는 원칙이 세워져 있었습니다. 그런데 그 원칙이 지켜지지 않고 나이 어린 조카에게로 왕위가 이어진 것이죠. 원에서 실권을 장악하고 있던 기황후가 공민왕을 지지하지 않았다고 보기에 충분한 정황이 됩니다.

이윤석 　그러면 기황후가 지지해 주지 않았다면 공민왕이 왕이 되지 못했을 수도 있다는 건가요?

류근 　근데 좀 이상한 게 있어요. 기황후가 그동안 왕위 계승에서 공민왕을 계속 밀어낼 때는 언제고, 왜 갑자기 공민왕의 손을 들어 준 걸까요?

신병주 　공식적으로는 공민왕이 원 황제인 순제의 지지로 왕이 되었다고 볼 수 있습니다. 그러면 원이 왜 공민왕을 고려 왕으로 세웠는지 봐야 하는데, 이때 원은 왜구 문제로 상당히 골머리를 앓았어요. 그런 상황에서 충목왕이나 충정왕 같은 어린 왕들은 왜구에 대해 큰 역할을 하지 못하죠. 그래서 원은 자기들이 고민하던 왜구라는 대외 문제를 해결할 수 있는 카드로 결국 공민왕을 선택합니다. 중요한 것은 순제를 움직이던 인물이 기황후라는 거고요.

숭무고성 왜구에 대항하기 위해 명 초기인 1387년에 중국 복건 지방에 세워진 요새다.

이익주 게다가 충목왕과 충정왕이라는 두 소년이 왕위에 오르면서 외척들의 발호가 문제가 됩니다. 특히 충정왕 때는 그 어머니 윤씨의 사촌인 윤시우라는 사람이 모든 권력을 독점하면서 기황후 일족들과도 싸웁니다. 그래서 어떻게 보면 기황후의 일족이 고려 안에서 합당한 대우를 못 받는다고 생각할 정도의 상황이 되죠. 그러니 왜구 등 여러 가지 문제도 있지만, 기황후가 볼 때는 충정왕을 그대로 두면 일차적으로 자기 일족의 이익이 고려에서 보장되지 않는다고 판단해 이 문제를 공민왕을 통해 해결하려고 했을 가능성이 있죠.

류근 공민왕이 두 번이나 물을 먹은 상황 아닙니까? 기황후로서는 '어차피 내가 아니면 너는 왕이 되기 어려운데, 이쯤에서 왕을 시켜 주면 엄청나게 충성하겠지?'라는 포석 내지 심산이 있지 않았을까 하는 생각이 들어요.

조일신, 기씨 일족을 공격하다

1352년 9월, 공민왕의 최측근인
조일신이 난을 일으켰다.
표적은 기황후의 형제들!

기씨 일족은 서둘러 도망쳤지만,
기원이 붙잡혀 죽임을 당한다.
이후 조일신은 공민왕 앞에 나가
기씨 일족을 토벌할 것을 청한다.

        "기원이라는 자를 벴습니다."

        "그는 기황후의 오라비가 아닌가!
        함부로 그 집안을 도륙하면
        원의 추궁은 어쩔 셈인가?"

조일신 사건이 원에도 알려지자
결국 공민왕은 조일신의 숙청을 명한다.
난이 일어난 지 7일 만의 일이었다.

조일신의 난은 왜 일어났나?

최원정 조일신은 공민왕의 최측근이라면서 왜 난을 일으킨 걸까요?

류근 난을 일으켰다고 하면 보통은 왕위를 노리는 것과는 전혀 무관하게 조일신은 기황후의 형제들을 죽이려고 하지 않습니까? 뭔가 정치적 배경이 있어 보이지 않습니까?

이익주 저 사건은 지금까지도 석연치 않은 구석이 있습니다. 조일신은 원에서 공민왕이 10년 동안 숙위할 때 내내 시중을 들었던 인물입니다. 공민왕의 의중을 가장 잘 아는 사람이죠. 이런 사람이 이때 갑자기 난을 일으켜 기황후 일족을 죽이려고 한 것은 공민왕의 뜻과 무관하지 않은 것으로 보여요. 공민왕과 기황후 사이에 뭔가 틈이 벌어졌다는 사실을 암시하는 게 아닌가 합니다.

류근 근데 이상하네요. 기황후가 공민왕을 왕으로 밀어주었으니 두 사람이 사이가 좋아야 하는 것 아닌가요? 갑자기 왜 이렇게 된 거예요?

이익주 비록 공민왕은 기황후의 도움과 후원을 받아 왕이 됐지만, 좋은 왕이 되기 위해 어떻게 하면 고려라는 나라를 바로 세울 것인지 생각했죠. 그래서 즉위하자마자 '일국갱시(一國更始)'라는 말을 씁니다. 한 나라를 다시 시작하겠다는 뜻이죠. 새로운 기분으로 새 나라를 만들겠다고 포부를 밝히는데, 그 당시에 고려 사회에서는 일반 양민들이 토지를 빼앗기는 것이 가장 큰 문제였습니다. 토지를 빼앗긴 양민들이 본거지를 떠나 떠돌아다니는 유망 현상이 벌어지죠. 고려의 그 당시 모습을 보면 "이건 나라 꼴이 아니다."라는 말이 나올 정도인데, 그 수탈의 선두에 선 사람들이 바로 기황후 일족들입니다. 하지만 부원 세력이 벌인 문제를 개혁하려고 하면 원이 개입해 막는 일이 벌어집니다.

최태성 그 대표적인 예를 들면 기삼만 옥사 사건이란 게 있습니다. 기삼만이라는 사람은 기씨 일족인데, 불법행위를 저질러 옥에 갇혀 죽어요.† 근데 기황후가 이 사실을 알고 난리가 난 거예요. 그래서 오히려 불법행위를 시정하려고 한 관리들이 목에 쇠사슬이 묶여 끌려가 심문당하는 일이 벌어집니다.

신병주 이때를 보면 얼마나 기씨 세력이 오만했는지 보여 주는 여러 가지 정황이 나와요. 대표적으로 기황후의 오빠인 기철은 충혜왕 시절에 원이 고려를 직접 다스려야 한다는 상소문을 올리기까지 했습니다. 특히 신하의 신분인데도 공민왕에게 시를 지어 올리면서 신(臣)이라는 호칭을 쓰지 않아요.‡ 그리고 또 다른 오빠인 기원은 원 황제의 생일을 축하하러 떠나는 공민왕과 함께 가는데, 뒤에서 따르는 것이 아니라 왕과 나란히 말을 타고 가면서 이야기를 나눕니다. 여동생이 원의 황후라는 것, 즉 든든한 배후를 믿고 그렇게 오만불손하게 행동한 거죠.

최원정 참 기고만장하네요. 기씨 일가가 공민왕에게는 그야말로 치우고 싶은 걸림돌이었겠어요.

이윤석 기씨들이 그야말로 기세등등한 상황인데, 여기서 좀 의문이 하나 듭니다. 조일신이 공민왕의 머릿속을 들여다본 것처럼 헤아려 마치 수족처럼 움직여 준 건데, 정작 그 수족을 잘라 낸 사람은 공민왕이라는 말이에요. 아이러니입니다.

이익주 어떻게 보면 조일신이 공민왕의 의중을 너무 빨리 읽고 독자적으로 행동해 일을 벌였을 수도 있습니다. 또 하나의 가능성은 공민왕과 조일신이 합의하고 일을 시작했는데, 생각했던 것보다 기씨 세력이 강했던 거죠. 기씨 일족뿐만 아니라 고려 정계에 포진한 기씨 지지 세력까지 생각했어야 하는데, 그러지 못했을 가능성이 있습니다. 공민왕이 거사를 진행하다가 조일신이 성공하기가 어렵겠다고 판단했을 때, 할 수 있는 일은 조일신을 제거하고 자기가 살아남는 길을 택하는 것이 아니었을까요?

류근　그러면 그 이후에 공민왕은 어떻게 되는 겁니까? 사태가 잘 무마되나요?

> † 정치도감(整治都監)에서 기황후의 친척 동생인 기삼만이 다른 사람의 토지를 빼앗았으므로 장형에 처한 후 하옥했는데 (거기서) 죽어 버렸다.
> ─『고려사』「세가」 충목왕 3년(1347) 3월 26일
>
> ‡ 원에서 왕에게 공신의 칭호를 내렸는데, 기철이 마침 요양(遼陽)에서 어머니를 뵈러 왔다가 시를 지어 왕에게 하례하였으나 신으로 칭하지는 않았다.
> ─『고려사』「기철 열전」

고려 공민왕의 1353년 신년사

이광용　1353년 새해가 밝았습니다. 잠시 뒤 고려 왕인 공민왕의 신년사가 있을 예정입니다. 최측근 조일신이 난을 일으키는 등 다사다난한 지난해를 보내고 과연 올해 어떤 계획을 발표할지 기대됩니다. 아, 말씀드리는 순간 공민왕이 기자회견장으로 입장했습니다.

공민왕　친애하는 백성 여러분, 새로운 희망을 알리는 계사년이 밝았습니다. 작년에 조일신의 난으로 말미암아 하늘에서 연일 흙비가 내려 날이 어둡더니, 그를 베자 하늘이 활짝 개었습니다.† 탐욕스러운 간신은 사라졌지만, 사랑하는 가족을 잃은 기황후와 그 모친 영안왕대부인께서는 아직도 슬픔에서 헤어나지 못하고 계십니다. 그래서 저 공민왕은 오늘부로 기황후께 예를 갖추고, 겸손한 자세로 그동안 추진한 모든 개혁 조치를 중단할 것을 선언합니다. 또한 신년 첫 행보도 영안왕대부인의 집을 방문하는 것으로 시작할 것을 알리는 바입니다.

이광용 아, 조일신 사건의 여파가 컸던 걸까요? 공민왕이 갑작스럽게
개혁 중단을 선언했습니다. 이 발표가 나온 이후 "기황후 일
족만을 지나치게 의식한 조치가 아니냐?", "새해 첫 시작을 영
안왕대부인의 집 방문으로 하는 건 이제 알아서 기겠다는 거
냐?"와 같은 실시간 반응이 거세게 올라오고 있습니다. 전하
께서는 이런 반응들에 관해 어떻게 생각하십니까?

공민왕 우리 민족은 대대로 새해가 밝으면 웃어른을 찾아뵙고 인사
를 드리는 것이 미덕이오. 과인 또한 그러한 미덕을 따르는 것
뿐이오. 알아서 기다니? 그러면 여러분, 올 한 해 부디 평안하
시고, 소원 성취하시길 빌겠습니다.

이광용 고려 공민왕의 가슴 절절한 신년사를 들어 보셨습니다. 크게
"송구하다."와 "알아서 기겠다."의 두 가지로 요약할 수 있겠
습니다. 조일신의 난 이후 기황후와 관계를 회복하기 위해 적
극적으로 나선 공민왕에 대해 과연 기황후 측에서는 어떤 반
응을 보일지 귀추가 주목됩니다.

† 당시 여러 날 동안 계속 흐렸는데 조일신을 참수하고 나니 하늘에 해가 나고
운무가 개었다.
— 『고려사』, 「세가」 공민왕 1년(1352) 10월 5일

공민왕이 기황후에게 납작 엎드린 사연

최원정 결국 기황후에게 납작 엎드리네요. 정말 씁쓸합니다.

류근 공민왕의 개혁 이미지가 완전히 사라져 버리는 형국이에요.

신병주 상황은 기황후에게 더욱 유리해집니다. 그 이유는 바로 기황후
가 낳은 아들 아유시리다라가 1353년 7월에 황태자로 책봉되어
서입니다. 아들이 차기 황제가 될 터이니, 기황후의 세력이 더
커지는 거죠.

최원정   기황후가 승승장구하네요. 이제 공민왕은 큰일 났어요.

이윤석   아주 호랑이에게 날개를 단 격이네요.

류근   진짜로 기어서라도 살고 봐야 하는 형국이 돼 버렸네요.

최태성   그러니까요. 그래서 공민왕이 원 황제에게 요청해 기황후의 모친 영안왕대부인을 위해 기씨 친인척들을 모아 큰 잔치를 베풉니다. 이 잔치 규모가 어마어마하고 화려했나 봐요. 그 당시 기록을 보면 한쪽에서는 병사들이 모여 고기를 누가 많이 먹는지 내기를 했다고 합니다. 고기가 얼마나 많았으면 그랬을까요? 그리고 꽃을 만드는 데 사용되는 포, 즉 옷감이 무려 5140필이나 소요됐다고 합니다. 어마어마하죠. 이렇게 화려하고 성대한 잔치를 벌이다 보니까 물가가 폭등하는 거예요. 그 사회적 영향이 당시에 제사나 혼인에 쓰는 유밀과²를 만들지 못하도록 금지할 정도였다고 합니다.

최원정   기황후에게 잘 보이려고 국가 살림을 축냈군요.

이윤석   섣불리 움직이는 바람에 최측근도 잃고, 개혁도 중단했고, 잔치 비용은 비용대로 대야 하니 3연패에 삼중고를 겪은 셈이네요.

공민왕, 마침내 몸을 일으키다

1356년 5월 18일, 궁궐에서 잔치가 열렸다.
초대된 이는 기철을 비롯한 기황후 일족과
부원 세력의 핵심 인물들이었다.

그런데 이때 매복해 있던 장사들이
갑자기 들이닥치며 기철 등을 죽이고
나머지 부원 세력도 제거해 버린다.

이어 옛 고려 영토를 수복하기 위해
쌍성총관부로 군대가 출정하고
부원 세력의 근거지로 기능하던
정동행성 이문소도 혁파된다.

이 모든 게 단 하루 만에 일어난 일!
공민왕의 반격이 시작된 것이다!

공민왕의 반격

류근 이게 뭐예요? 개구리 전법이에요? 개구리처럼 납작 엎드렸다가 갑자기 뛰어오르네요.

최원정 스릴 넘치지 않아요? 반격이 계속됩니다. 근데 기철 일당이 먼저 반란을 모의해 공민왕이 역습한 거라는 얘기가 있던데, 사실인 가요?

신병주 이 사건은 여러 정황을 보면 확실하게 공민왕이 모든 것을 기획하고 준비한 작품이라고 봐야 해요. 기철 일당이 낌새를 알아챘다면 절대 참석하지 않았겠죠. 잔치가 본격적으로 벌어졌을 때 공민왕이 매복해 두었던 장수들을 움직이고 군사도 동원해 기씨 세력의 핵심인 기철과 노책, 권겸 등 부원 세력들을 완전히 일망타진합니다.

이익주 이 사건은 1356년에 일어난 일입니다. 조일신의 난이 실패로 끝난 다음에도 공민왕이 부원 세력과의 싸움을 포기하지 않았다는 것을 알 수 있죠. 기회를 계속 엿보다가 원이 쇠퇴하고 있다는 확신을 가졌을 때 전격적으로 일을 벌인 겁니다. 그래서 기철 일당을 죽이고 정동행성 이문소를 폐지하며 군대를 파견해 쌍성총관부를 공격한 일이 하루 동안 전격적으로 일어납니다. 그만큼 주도면밀하게 계획을 세웠던 거죠.

최태성 공민왕이 얼마나 주도면밀하게 상황을 파악하고 정세를 이끌어 가는지는 쌍성총관부를 수복하는 과정을 보면 더 잘 알 수 있어요. 공민왕은 원이 지금의 함경도 일대를 직접 다스리기 위해 설치한 쌍성총관부를 무력으로 공격해 되찾는데, 그 과정이 단순하지 않아요. 그 지역을 실질적으로 관리하는 고려인을 먼저 포섭합니다. 그 사람이 바로 이성계의 아버지 이자춘이죠. 여기서 드디어 이성계가 등장하는 거예요.

쌍성총관부 수복 후 고려의 영역 변화

이익주 공민왕이 반원 운동을 일으키기 몇 달 전인 1355년 12월에 이자
춘이 개경에 온 적이 있습니다. 이때 공민왕을 만나고 가는데,
공민왕과 모종의 약속이 있었던 것으로 보입니다.[†] 그래서 고려
군이 쌍성총관부를 공격했을 때 이자춘이 안에서 문을 여는 역
할을 하죠. 이렇게 아주 결정적인 도움을 주면서 그 공을 인정받
고 고려로 돌아와 관직에 오름으로써 이성계가 실력을 키울 수
있는 발판을 만듭니다.

최태성　아버지의 선택이 아들과 고려의 운명을 바꾼 거죠.

신병주　공민왕과 조선을 건국한 시조 이성계는 아주 긴밀한 인연이 있죠.

최원정　뭔가 페이드아웃³되는 것처럼 고려와 조선의 교차 지점이 슬슬 다가오는 것 같아요.

류근　근데 참 역사라는 게 아이러니하지 않습니까? 어찌 되었든 이자춘과 이성계의 집안이 고려를 도와주는데, 결국은 그 집안이 고려를 멸망시키는 거잖아요. 역사는 참 아무도 모르는 거예요.

> † 환조(이자춘)가 입조하자 왕이 영접하면서 말하기를, "완악한 백성들을 어루만지느라 어찌 수고롭지 않겠는가?"라고 하였다. (……) 왕이 환조에게 지시하기를, "경은 마땅히 돌아가서 우리 백성을 잘 진무할 것이며 만약 변란이 발생하면 나의 명령을 따르도록 하라."라고 하였다.
> ─『고려사』「세가」 공민왕 5년(1356) 3월

공민왕의 개혁과 기황후의 반응?

이윤석　어쨌거나 지금은 공민왕이 잔치를 열 판이에요. 근데 원에는 기황후가 기세등등하게 계속 버티고 있잖아요. 기황후가 가만히 있진 않을 것 같은데요.

신병주　공민왕의 행동은 원에 대한 도발이라고도 볼 수 있죠. 그런데도 원은 고려가 쌍성총관부를 수복하는 과정을 수수방관할 수밖에 없었어요. 그만큼 원의 국력이 쇠퇴한 거죠. 원의 국력이 쇠퇴한 결정적 계기는 나중에 명이 될 한족 반란군의 힘이 계속 커지는 상황에서 비롯되었습니다. 확실하게 판세가 바뀔 정도로 국제 정세가 변화한 거죠. 그래서 이후로 고려는 원에 정기적 사행은 파견하지만, 원나라와의 국교가 사실상 거의 단절되다시피 합니다.

이익주　그리고 공민왕은 그동안 고려에서 쓰던 원의 지정(至正)이라는 연호를 이제는 안 쓰겠다며 이 문제를 지렛대로 삼아 원과 외교

전을 벌입니다. 그러면서 원과의 관계를 고려가 주도하는 것으로 바꾸어 98년간 계속된 원의 간섭을 완전히 물리치는 대성공을 거둡니다.

류근 　자주성과 독립성은 고려 정신의 정수인 것 같아요. 어떻게든 그 가치를 놓지 않는다는 것이 참 많은 생각을 하게 합니다.

이윤석 　시작하면서 공민왕의 소원이 고려의 자주독립이라고 했는데, 근 거 없이 지어내 얘기한 것이 아니었네요.

최원정 　근데 공민왕이 기황후에게 조금이라도 부채 의식을 보이지는 않았나요? 기황후로서는 좀 약이 오를 만도 한데요.

류근 　그러네요. 정말 한동안 순한 양처럼 굴다가 별안간 칼을 꽂은 거잖아요. 기황후가 인간적으로 배신감을 느꼈겠어요. 얼마나 괘씸했을까요? 자기에게 충성하라고 왕으로 만들어 놓았는데, 끊임없이 뒤통수 칠 궁리만 하고 있었다는 거 아니에요.

최태성 　기황후가 호랑이를 키운 거죠.

이익주 　왕으로 올려 준 의리는 지극히 사적인 것인 데 반해, 자주독립을 되찾고자 한 공민왕의 정의는 지극히 공적인 것이죠.

신병주 　공민왕의 처지가 되어 잘 생각해 보면, 기황후가 공민왕을 왕위에 올리는 데 아주 중요한 영향을 미친 인물임은 분명하지만, 또 다른 측면에서 보면 공민왕의 친형인 충혜왕을 폐위한 인물이기도 합니다. 그리고 공민왕 조카인 충정왕도 기황후가 폐위한 것이나 다름없고요. 그러니 공민왕으로서는 언젠가 자기도 용도 폐기가 되면 제거당할 거라는 불안감이 항상 있었을 겁니다. 따라서 저쪽에서 공격해 오기 전에 자기가 선제공격한 거죠.

이익주 　그런 점에서 공민왕의 개혁은 자기 목숨을 걸고 한 개혁입니다.

흥왕사의 변

1363년, 홍건적의 침입으로
피난길에 올랐던 공민왕과 노국공주.

난이 진압되자 개경으로 돌아오던 둘은
흥왕사에 잠시 머무른다.

그러던 어느 날, 한밤중에
50여 명의 자객이 흥왕사를 습격한다.
이들이 노린 건 바로 공민왕의 목숨!

공민왕은 서둘러 환관에게 업혀 도망치고
왕으로 가장해 침전에 누워 있던 환관이
왕을 대신해 자객에게 살해당한다.

"아니, 이 자는 고려의 왕이 아니다!"

밀실로 도망간 공민왕은 담요를 뒤집어쓴 채 몸을 숨기고,
노국공주가 문 앞에 앉아 공민왕을 지킨다.

"네 이놈들! 나를 해치기 전에는
이 방에 들어서지 못하느니라!"

한밤중에 벌어진 공민왕 암살 시도!
대체 누가 공민왕을 죽이려 했던 것일까?

공민왕과 노국공주의 초상

공민왕 암살을 시도한 범인은 누구?

최원정 공민왕의 목숨을 노린 자객들이 들이닥쳤는데, 노국공주가 죽음
을 무릅쓰고 온몸으로 막아섰어요.[†] 대단합니다. 근데 공민왕에
게 자객을 보낸 사람은 누구에요?

류근 저는 기황후 쪽에서 뭔가 조종하지 않았을까 싶은 생각이 듭니
다. 기황후가 수세에 몰린 처지에서 노골적인 반원 인사이자 가

족의 원수인 공민왕을 당연히 제거하고 싶지 않았을까요?

최원정　그렇다면 과연 기황후가 정말로 공민왕 암살을 시도했을까요?

> † 환관 이강달이 왕을 업고 창문을 통해 나가 도망가서 대비(大妃)의 밀실에 이르러 담요를 뒤집어씌워 숨기고, 공주가 그 문 앞에 앉아 있었다. 도적들이 왕의 침전에 들어갔는데, 환관 안도치가 왕과 비슷하게 생겼기 때문에 스스로 왕을 대신하고자 하여 마침내 침대에 누워 있었으므로, 적이 그를 왕이라고 생각하고 죽이고는 날뛰면서 만세를 불렀다.
> ─『고려사』 「세가」 공민왕 12년(1363) 윤3월 1일

고려 뉴스 속보: 공민왕 폐위되나?

이광용　속보입니다. 1362년 현재 원 황실은 공민왕을 폐위하고 공민왕의 조부인 충선왕의 서자 덕흥군을 고려의 새로운 왕으로 책봉하겠다고 밝혀 고려가 충격에 빠졌습니다.

류근　원 황실의 심정은 이해돼요. 그럼 폐위 명분은 뭐랍니까?

이광용　소식통에 따르면 고려가 홍건적의 난 때 국인을 잃어버린 후 마음대로 새로 만들어 쓰고 있다는 보고가 올라간 것이 이유라고 합니다. 그러나 취재 결과에 따르면 이는 사실무근인 것으로 밝혀졌습니다. 현재 전문가들 사이에선 이번 폐위 결정이 1356년 5월에 공민왕이 오라버니들을 죽인 것에 대한 기황후의 사적 복수가 아니겠냐는 분석도 나오는 상황입니다.

최원정　기황후가 권력을 너무 남용하는 거 아니에요?

류근　정치인들은 사사로운 감정으로 권력을 쓰면 안 됩니다.

이윤석　이의 있습니다. 덕흥군이 충선왕의 서자라면 공민왕의 작은아버지인데, 차기 왕이 되기에는 너무 연로한 거 아닙니까?

이광용　네, 맞습니다. 덕흥군의 나이는 올해 쉰 살로 알려져 있습니다. 새로운 왕이 되기에는 나이가 너무 많은 것이 아니냐는 지

적이 당연히 나올 수밖에 없는데, 석연치 않은 구석은 또 있습니다. 지금 덕흥군에게는 아들이 없습니다. 그래서 양자를 들여야 하는데, 바로 그 자리에 기황후의 일족인 기삼보노가 뽑혔다는 사실입니다. 연로한 덕흥군의 뒤를 이을 양자로 기삼보노를 들인다는 것에서 뭔가 냄새가 나지 않습니까?

이윤석 　이의 있습니다. 고려는 대대로 용손이라 해서 왕씨가 정통 왕실의 혈통이에요. 그런데 기씨가 왕이 되는 게 말이 됩니까?

이광용 　역시 왕씨들로서는 받아들일 수 없겠죠. 당연히 이 사실을 접한 고려 조정은 난리가 났습니다. 원과 일전을 불사해야 하는 것 아니냐는 주장까지도 나오는 상황인데, 정작 원은 이미 결정됐기 때문에 사신을 보내 그냥 통보하면 끝이라는 입장을 고수하고 있습니다. 갑작스러운 공민왕의 폐위, 그리고 기삼보노의 등장, 대체 여기엔 어떤 진실이 숨은 걸까요?

최원정 　공민왕이 자객의 습격을 받아 죽을 뻔했는데, 이번에는 원이 공민왕을 폐위하고 다른 왕을 세우겠다는 결정을 발표했어요. 이게 다 우연의 일치는 아니겠죠?

이윤석 　자객의 습격과 폐위 결정까지 누가 봐도 너무 부드럽게 이어지기 때문에 이 모든 것이 기황후의 시나리오대로 움직인다고 봐야 할 것 같습니다.

기황후의 복수전, 사실인가?

이익주 　충분히 그렇게 생각할 수 있는데, 기황후가 직접 그런 지시를 했다는 기록은 없습니다. 흥왕사에서 변을 일으킨 사람은 김용이라는 인물인데, 역시 공민왕의 측근입니다. 김용이 왜 이때 공민왕에게 칼을 겨누었는지 알려면 그전에 일어난 홍건적의 침입부터 살펴볼 필요가 있습니다. 홍건적은 몽골 지배에 저항해 일어난 한족 농민들입니다. 원의 수도를 공격하다가 실패하고 고려로 밀려 들어온 겁니다. 홍건적에 수도를 빼앗기고 공민왕이 안동까지 피난하는 어려움을 겪자, 고려 안에서는 이 모든 사태가 공민왕의 잘못이라는 여론이 조성됩니다. 그래서 원이 다시 강성해질 것이고, 반원 운동을 일으킨 것이 훗날에 문책받을지도 모른다는 불안감 속에서 공민왕의 측근인 김용이 공민왕을 죽이고 원에 다시 충성해야 한다고 생각했던 거죠. 이런 김용의 생각이 원에서 공민왕에 대한 복수를 계속 노리던 기황후의 입장과 일치하는 지점이 있었을 겁니다. 기황후가 김용을 사주했다는 기록은 없지만, 뒷날 덕흥군을 옹립하고 고려로 군대를 보낼 때 김용을 판삼사사라는 고위 관직에 임명합니다.† 그런 정황을 봐서는 기황후가 김용의 호응을 바라고 있었다는 것까지는 충분히 짐작할 수가 있습니다.

류근 참 놀라운 것이 있습니다. 공민왕이 기씨 일족을 제거하기 위해 얼마나 많이 노력하고 고생했습니까? 근데 그들이 사라지고 나니까 또 그에 못지않은 부원 세력이 나타난 거 아닙니까?

신병주 우리가 또 눈여겨볼 상황은 기황후가 새로운 고려 왕으로 올리려 한 덕흥군의 후계자로 삼은 사람이 바로 자기 일족인 기삼보노라는 점입니다. 덕흥군은 나이도 많다고 했잖아요. 잠시 얼굴마담으로 내세우고 실질적으로는 기삼보노를 차기 고려 왕으로 삼으려는 의도가 상당히 짙게 배어 있죠.

최원정 역성혁명이 조금 더 일찍 일어날 뻔했네요.

---

† 원에서 덕흥군을 왕으로 세우고 기삼보노를 원자로 삼으며, 김용을 판삼사사(判三司事)로 삼았다.
　—『고려사』「최유 열전」

기황후의 복수

원이 공민왕을 폐한다는 소식이 전해지자
공민왕과 고려 조정은 서둘러서
서북 지역과 동북지역의 방어에 나선다.

1364년, 원의 1만 대군은
덕흥군을 앞세워 고려를 침략해 오고
최영과 이성계가 이끄는 고려군이 맞서면서
양군 사이에 치열한 전투가 벌어진다.

과연 공민왕은 기황후의 복수에 맞서
왕위를 지켜 낼 수 있을 것인가!

공민왕 대 기황후: 전투 결과 공개

최원정　1만 대군이 고려로 쳐들어왔습니다. 기황후가 정말 본격적으로 해보겠다고 승부수를 던진 거네요.

최태성　그러니까요. 기황후가 1356년의 사건에 대해 화가 아주 많이 났던 것 같아요. 그래서 자기 아들에게 "네가 다 장성했는데, 어째서 나를 위해 원수를 갚아 주지 않느냐?"라고 하면서 복수를 지시하죠. 그래서 공민왕을 폐위하려는 전쟁으로 연결되고요.

최원정　그래서 전투 결과는 어떻게 됐나요?

신병주　기황후 측이 아주 크게 패배합니다. 1만여 명의 군사를 이끌고 쳐들어왔는데, 살아서 도망간 자가 겨우 17기였다고 하죠. 생환한 비율이 0.17퍼센트이니까 정말 저조하지 않습니까? 그리고 이 전투를 승리로 이끈 장군들의 면면이 정말 대단합니다. 고려 말에 고려를 이끈 두 장군, 바로 최영과 이성계가 이 전투를 계기로 전면에 부상합니다. 최영과 이성계 같은 무신 세력들이 공민왕을 도와 이 전투에서 승리함으로써 실력자로 새롭게 부상하죠.

류근　역사에 이름을 길이 남긴 빛나는 별 같은 인물들이 등장하기 시작하네요. 정말 극적인 장면 같아요. 공민왕으로서는 한고비를 넘긴 셈인데, 기황후로서는 절치부심한 복수극치고 너무 싱겁게 끝나 버린 거 아닙니까?

최태성　공민왕 폐위를 발표한 시점이 1362년이에요. 근데 실제로 고려로 공격해 들어온 시점은 1364년입니다. 2년이라는 시간이 걸린 거예요. 2년 동안 1만여 명의 군사를 모으는 것도 쉽지 않았다는 얘기죠. 원이라는 대제국이 기울어 가는 상황에 처했음을 기황후는 보지 못했던 겁니다. 반면에 공민왕은 2년 동안 철저하게 준비하고 기다렸던 거죠. 이런 점에서 공민왕과 기황후가 달랐던 겁니다.

이윤석 　기황후 측이 약해서 그런 것도 있겠지만, 왠지 최영과 이성계가 너무 세서 고려가 승리한 것이 아닌가 하는 생각도 좀 들어요.

기황후의 최후

류근 　그럼 그 이후에 기황후는 어떻게 됩니까?

이익주 　기황후의 최후에 관한 기록은 남아 있지 않습니다. 공민왕이 예견했던 대로 원이 쇠퇴하고 주원장의 명이 흥기합니다. 1368년에 원의 수도인 대도를 명이 점령하면서 원은 북쪽의 상도로 도망갑니다. 그때 황제를 따라 북쪽으로 도망갔다는 것이 기황후에 관한 마지막 기록입니다. 이후에 원의 멸망이 기황후 때문이었다고 평가받죠. 실제로도 그런 면이 있습니다. 원이 수도를 뺏긴 다음에 바로 망하지는 않습니다. 명과 20년 동안 경쟁하는데, 기황후의 무리한 정책이 고려의 반원 정서를 불러일으키는 바람에 고려는 일찍부터 친명 정책을 쓰고 명과 연합합니다. 그런 점이 원의 멸망을 좀 더 앞당기는 아주 중요한 이유라고 보면, 기황후 때문에 원이 망했다는 평가는 크게 잘못된 것이 아니라고 할 수 있습니다.

류근 　기황후의 개인적인 욕심과 야망, 복수심이 불러일으킨 참화네요.

신병주 　공민왕은 참을 때는 참았고, 공격할 때는 공격하면서 결과적으로 어려운 상황에서 승리함으로써 자주국 고려라는 전통을 제대로 세워 우리 역사가 아주 순조롭게 흐르는 계기를 만듭니다. 원의 계속적인 지배와 간섭의 시간이 더 길었다면 내부적인 발전도, 왕조 교체도 쉽지 않았겠죠. 그런 면에서 공민왕이 기황후를 물리친 순간은 우리 역사에서 아주 중요한 순간이었다고 할 수 있습니다.

류근 뭐니 뭐니 해도 공민왕이 불굴의 자세로 추구한 자주성과 독립성이 가장 인상에 남아요. 그 삼엄한 원 치하에서 어떻게든 고려의 정체성을 유지하고 회복하려고 노력한 그 끈기와 오기에 아름다운 고려 정신이라고 박수를 좀 보내 주고 싶어요.

이익주 공민왕이 기황후에게 일격을 가한 1356년 5월 18일은 200년 가까이 계속되었던 세계 제국이 허물어지기 시작하는 첫걸음을 뗀 날입니다. 그 당시에 원 제국의 질서 속에서 원 황실의 부마 지위를 가졌던 고려가 반원 운동을 일으켜 성공을 거두죠. 그러면서 원이라는 거대한 제국이 한쪽 구석에서부터 허물어져 내리면서 결국은 멸망하는 대사건이 벌어지죠. 그래서 공민왕의 반원 운동은 세계사적인 사건이었다고 볼 수 있습니다.

4

노비의 아들 신돈, 공민왕의 사부가 되다

신돈은 요승인가, 개혁 정치가인가? 『고려사』를 비롯한 옛 기록에서는 하나같이 요승으로 표현했다. 공민왕의 총명함을 흐리게 하고, 음란한 행위를 일삼은 요망한 중이란 평가는 그래서 오랫동안 이어졌다. 그리고 이러한 평가는 공민왕이 노국대장공주의 죽음 이후 신돈에게 정사를 위임함으로써 정치가 혼란해지고 결국 고려가 망하게 되었다는 망국 필연론으로, 그래서 새 왕조를 세울 수밖에 없었다는 건국 정당성론으로 이어졌다.

하지만 근래에는 공민왕에게서 개혁 군주의 이미지를 강조하면서 신돈에 대한 평가도 달라졌다. 고려 말의 개혁 정치에 대한 연구가 진행되면서 나타난 변화다. 공민왕은 사랑하는 부인의 죽음으로 상심하고 자포자기한 범부가 아니라, 부인의 죽음이라는 슬픔에도 신돈을 앞세워 개혁에 박차를 가한 개혁 군주였다. 따라서 신돈은 공민왕 개혁의 정점에서 활약한 개혁 정치가가 된다. 그리고 공민왕과 신돈의 개혁을 지지하고 개혁에 동참했으며, 그 과정에서 세력을 키운 신흥 사대부가 있었다.

신흥 사대부는 고려 후기에 지방 향리 출신으로 과거에 급제해 관리가 된 사람들을 가리킨다. 이들은 대대로 관리를 배출하며 부와 권력을 누리던 권문세족과 결이 달랐다. 특히 당시의 신학문인 성리학을 공부하고, 성리학자로서 가진 도덕과 윤리, 사회에 대한 책임 의식을 기준으로 권문세족의 불법행위를 비판했다. 하지만 원의 간섭하에서 이들이 활동할 수 있는 공간은 극히 제한되었다. 그런 가운데 공민왕이 반원 운동에 성공하고 개혁에 착수하자 신흥 사대부들은 마치 단비를 만난 듯했다.

반원 운동 이후 공민왕의 개혁은 홍건적의 침략과 기황후의 방해로 지체되었다. 원의 침략을 물리친 뒤에는 최영을 비롯한 무장들이 대두

하면서 개혁은 또다시 멀어져 갔다. 공민왕은 다급했고, 마지막 승부수로 던진 것이 신돈 등용이었다. 공민왕은 권문세족은 물론이고 신진 인사나 유생, 즉 신흥 사대부마저 권문세족과 결탁해 개혁을 거부한다고 판단했다. 그래서 아무런 기득권을 갖지 않은, '세상을 떠나 홀로 서 있는 사람[離世獨立之人]'을 찾았다. 바로 신돈이었다. 그리고 개혁을 함께할 사람들로 신흥 사대부에 주목했다. 공민왕이 보기에 이들은 비록 유약하지만, 개혁 의지가 있었으므로 환경만 만들어 준다면 충분히 동참할 것으로 기대되었다.

신돈이 공민왕의 명을 받아 추진한 개혁은 이전과 마찬가지로 불법적인 토지문제와 노비 문제를 정리하는 수준이었다. 하지만 이번에는 전과 달리 커다란 성과를 거두었는데, 공민왕의 강력한 의지 덕분이었다. 하지만 그에 대한 반발도 거셌고, 결국 반대 세력은 신돈을 모함해 죽음에 이르게 하는 데 성공했다. 공민왕의 믿음이 부족해서라기보다는 개혁에 대한 반대를 헤쳐 나갈 수 있는 힘의 한계 때문이었다.

신돈이 제거되고 개혁은 중단되었지만, 개혁에 참여했던 신흥 사대부가 성장하는 성과가 있었다. 개혁 기간에 성균관이 다시 지어졌고, 신흥 사대부들이 그곳에 모여 성리학을 연구하고 교육하면서 정치 세력을 이루었다. 이색을 비롯해 이숭인과 정몽주, 정도전, 권근 등 불과 20년 뒤에 조선 건국을 둘러싸고 찬반 논쟁을 벌이며 역사의 주인공으로 등장하는 사람들이 이때 출현했던 것이다. 신돈의 실패는 훗날 이들에게 반면교사가 되어 좀 더 본질적인 개혁을 추진하도록 만들었다.

실패한 뒤 신돈에게는 요승의 이미지가 덧씌워졌다. 신돈과 대립했던 사람들은 각종 비리와 기행을 강조했고, 개혁 과정에서 벌인 숙청은 어진 사람을 이유 없이 살육한 것으로 왜곡되었다. 신돈의 신분적 약점도 비난을 키우는 요인이 되었다. 신돈의 도움으로 성장한 신흥 사대부 역시 그가 승려였다는 점에서 일정한 거리를 두고자 했고, 결국 신돈은 누구에게도 개혁 정치가로서의 진면목을 제대로 평가받지 못했다.

공민왕의 꿈

자객　왕이여, 너의 목숨도 오늘로 끝이다!

공민왕　웬 놈이냐? 거기 아무도 없느냐? 여봐라! 누가 나 좀 살려다오!

승려　이런 쥐방울만 한 놈. 감히 궁궐까지 들어와 전하를 시해하려 하다니, 참으로 무엄하구나. 저리 꺼지지 못할까!

공민왕　고맙소. 그대가 아니었다면 내 목숨은⋯⋯. 아, 꿈이었구나.

김원명　전하, 제가 소개해 드리고 싶은 사람이 있어 함께 찾아왔습니다. 옥천사 출신의 승려 편조로, 노비의 아들이어서 그 신분은 미천하나, 그 됨됨이가 예사롭지 않사옵니다.

공민왕　그래? 그렇다면 들라 해라. 아니, 너는 조금 전 내 꿈에 나온 그 승려가 아니더냐? 이는 본시 보통 인연이 아니다. 하늘이 장차 나를 도와 이 고려를 구할 인물을 내게 내려 주신 것이 틀림이 없을 것이야.

편조　그러잖아도 이 미천한 몸에게 나라와 백성을 위한 많은 생각이 있사옵니다.

공민왕　그렇지. 과연 너의 뜻이 내 뜻과 같구나. 내 너를 사부로 삼고, 이 고려를 다스릴 방법을 듣겠다. 앞으로는 환속해 이름을 신돈이라 해라.

신돈, 공민왕에게 발탁되다

최원정　신돈이 이렇게 역사에 등장하네요. 근데 신돈이라고 하면 각자 떠오르는 이미지들이 있을 거 아니에요. 이해영 감독님께서는 신돈이 누군지는 아시죠?

이해영　신돈이라고 하면 일단 떠오르는 키워드로 고려 말의 개혁가 또는 개혁승, 아니면 요승 같은 두 가지 상반된 키워드가 동시에

라스푸틴 그리고리 라스푸틴은 제정 러시아 말기의 수도자로,
황제 가족의 신임을 얻어 국정에 개입해 요승으로 불렸다.

있잖아요. 뭔가 좀 매력적이고 재미있지 않나요?

최태성 예전의 드라마나 소설을 보면 신돈에 관해 부정적인 이미지가
좀 많이 있어요. 교과서만 해도 아까 말씀하신 것처럼 신돈을 요
승으로 표현하기도 했죠. 근데 요즘 교과서에서는 그렇게 표현
하지는 않습니다. 신돈이라고 하면 일단 개혁 이미지와 연결해
설명합니다.

류근 신돈이 노비의 아들이자 승려가 아닙니까? 근데 하루아침에 왕
의 사부가 되니까 "사람을 홀리는 요승이다."라는 소문이 날 수
밖에 없겠다는 생각이 들기도 합니다. 요즘 젊은이들 말로 하면
그야말로 전형적인 '갑툭튀'잖아요. 갑자기 툭 튀어 나왔어요.

최원정   갑자기 툭 튀어나온 인물이라는 말씀이시죠?

이해영   그런데 왕의 사부라는 건 정확히 어떤 개념인 거죠?

신병주   왕에게 학문을 가르쳐 주는 사람입니다. 신돈이 왕의 사부로 활약하면서부터는 신돈의 의견 대부분이 국정에 반영되니까, 실질적으로는 권력을 행사하는 정치적인 힘을 가지는 위치라고 볼 수 있죠.

이해영   공민왕은 대체 신돈의 뭘 보고 마음에 들어 했을까요? 신돈은 정치 경험 같은 게 전혀 없었을 거 아니에요?

이익주   공민왕이 신돈을 등용한 것은 대단히 파격적인 일입니다. 공민왕 14년에 처음으로 관직을 내려 줍니다. 그 관직명이 너무 긴데, 다음과 같습니다. 수정이순논도섭리보세공신, 벽상삼한삼중대광, 영도첨의사사사, 판중방감찰사사, 취성부원군, 제조승록사사, 겸판서운관사.

이해영   엄청나게 기네요. 얼핏 들으면 시조인 줄 알겠어요.

이익주   저 가운데 섭리(燮理)공신이라는 호칭이 아주 특별합니다. 고려에서 신돈 말고 섭리공신이라는 호칭을 받은 사람이 또 있는데, 바로 이성계입니다. 이성계가 공양왕을 옹립한 다음에 받은 긴 공신 호칭 중에 섭리라는 두 글자가 들어가죠. 신돈이 받은 관직 중에 영도첨의사사사도 특별합니다. 원래 도첨의사사에서 가장 높은 관직은 판사인데, 그 위에 특별히 관직 하나를 만들어 신돈에게 내린 것이죠. 그다음에 장군들이 모이는 중방의 판사 자리, 백관을 감찰하는 감찰사의 판사 자리도 주었습니다. 관리들을 감찰하는 권한을 신돈에게 준 것이죠. 이처럼 신돈이 받은 관직명은 그 길이뿐 아니라 글자 하나하나에 담긴 권한의 강력함에서 대단히 특이합니다. 그만큼 파격적인 등용이었다는 것이죠.

이해영   'A'에서 'Z'까지 모든 권한을 준 건데, 이 정도면 진짜 거의 왕 아

영호루 현판 탁본 홍건적의 침입을 피해 안동으로 피난을 갔던 공민왕이 쓴 글씨로 전해진다.

닌가요?

류근 　관직명이 저쯤 되면 적어 놓고 다니다가 자기가 뭘 할 수 있는지 그때그때 확인해야 할 것 같아요. 그런데 저런 권력과 권위를 신돈이 감당할 수 있을까요? 공민왕이 그렇게 호락호락한 인물이 아니지 않습니까? 오히려 무서우리만큼 집요한 인물인데, 이렇게 전격적으로 무명의 신돈을 발탁한 데는 분명히 뭔가 특별한 이유가 있지 않을까요?

신병주 　공민왕이 신돈을 발탁한 시대적 상황을 봐야 합니다. 공민왕이 집권 초에 반원 개혁 정책을 펼쳐 나가죠. 그 과정에서 기황후와 맞대결도 벌이는데, 내부적으로는 권문세족들이 상당히 저항합니다. 대외적으로 보면 기황후 쪽에서도 덕흥군이라는 왕자를 내세워 공민왕을 대신할 왕으로 삼겠다며 반격해 오고요. 또한 공민왕 6년 이후부터 홍건적과 왜구의 침입이 아주 잦아집니다. 홍건적이 침입했을 때는 공민왕이 개경을 떠나 안동 지역까지 피난을 가는 어려움을 당해 정치적으로 좀 힘들고 지친 상태였습니다. 그런 시점에서 바로 신돈을 만났고요.

이익주 　덕흥군을 앞세운 침략군을 몰아낸 무렵이 되면 그때까지 공민왕을 따르던 측근 세력이 전부 소멸해 버립니다. 그리고 덕흥군의 침략을 막는 데 공을 세운 최영과 같은 무장들이 득세해 공민왕의 개혁을 가로막는 존재가 되죠. 공민왕으로서는 자기가 평생 하고자 했던 개혁을 계속 추진하려면 뭔가 반전의 계기를 만들지 않으면 안 되었습니다. 그런 생각을 아주 절실하게 했던 시점에서 신돈을 만났던 것이죠.

최태성 저는 개인적인 불행이라는 측면을 이야기하고 싶어요. 뭐니 뭐니 해도 공민왕이라고 하면 우리가 늘 함께 떠올리는 한 여인, 노국대장공주가 있잖아요. 신돈을 발탁하기 3개월 전에 노국대장공주가 난산 끝에 결국은 죽어요. 노국대장공주가 공민왕에게 어떤 존재입니까? 사랑의 동반자이자 정치적 동반자로 살아왔던 사람인데, 그 노국대장공주를 잃은 시점에서 신돈을 만났다는 부분도 파격적인 발탁의 이유 중 하나가 아닐까 하는 생각이 들어요.

이해영 어쨌거나 공민왕으로서는 자기를 대신해 일해 줄 사람이 필요한 상황이었다는 것, 잘 알겠습니다. 근데 정말 아무도 몰랐던, 어디서 온지도 모르는 새로운 인물을 단지 꿈에서 봤다는 이유만으로 발탁해도 되나요?† 국정을 전담할 만한 능력이 있는지 정확한 검증이라도 해야 하는 거 아니에요?

> † 공민왕의 꿈에 어떤 사람이 칼을 뽑아 자기를 찔러 죽이려고 하는데, 어떤 승려가 구해 주어서 모면한 적이 있었다. 다음 날 태후에게 고하고 있을 때, 마침 김원명이 신돈을 알현시키는데 그 모습이 매우 닮았다. 왕이 매우 기이하게 여겨 함께 말을 나누었는데, 총명하고 사리 분변이 좋고 스스로 도를 깨달았다고 하며 큰소리를 치는 것이 모두 (왕의) 뜻에 부합하였다.
> ─ 『고려사』 「신돈 열전」

고려 청문회

이광용 저는 공민왕의 눈에 들어 하루아침에 수정이순논도섭리보세

창녕 화왕산성 전경 옥천사는 화왕산의 남쪽 사면에 있다.

공신 벽상삼한삼중대광 영도첨의사사사 판중방감찰사사 취성부원군 제조승록사사 겸판서운관사로 낙점된 신돈의 모든 것을 탈탈 털어 과연 국정을 맡을 만한 자질이 있는 인물인지 인사청문위원회 위원장으로서 검증하기 위해 나왔습니다.

신돈 　안녕하시오. 신돈이올시다.

이광용 　분명히 승려라고 들었는데, 머리카락을 기르고 계시네요?

신돈 　아까 제대로 귀담아 듣지 않으셨나 보구먼. 나는 이미 환속한 몸이라오.

이광용 　환속했는데, 복장은 왜 승려 복장입니까?

신돈 　아, 환속하긴 했지만, 속인들처럼 화려하고 좋은 옷을 입기에는 내가 좀 검소하다오. 그리고 이 승복이 때도 안 타고, 세탁도 잘 되며, 무슨 옷을 입을지 걱정 안 해도 되니 아주 좋소.

이광용 　그럼 질문을 시작하겠습니다. 일단 이름은 신돈이시고, 화왕산 옥천사 출신이시네요. 어머니께서 절의 노비셨군요?

류근 　아니, 그런 걸로 시비 걸면 인신공격이죠. 똑바로 합시다.

신돈 그렇소. 내가 미천한 출신인 건 맞지만, 그게 뭐 그리 중요하오? 능력이 출중하면 되는 것 아니겠소? 그리고 내가 잘은 모르지만, 우리 아버지께서 영산에서 아주 이름난 집안의 자제라는 소문은 들은 바 있소.

이광용 소문이요? 일단은 알겠습니다. 능력이 출중하면 상관없다고 하셨는데, 제가 조사한 바에 따르면 옥천사에서 승려로 있기는 했는데, 어머니의 신분이 천하다는 이유로 다른 승려들에게 따돌림을 지나치게 당해 산방에서 그냥 혼자 외롭게 지냈다는 얘기가 있습니다. 그렇기 때문에 국정을 총괄할 만한 유교적 소양을 갖추기에는 어려운 환경이었던 것으로 파악되는데요?

류근 아니, 환경이 열악해도 틈틈이 공부했을 수도 있죠. 너무 단정적으로 말씀하시는 거 아닙니까?

이광용 아닙니다. 저는 지금 신돈이 글을 모른다는 점을 지적하려는 겁니다.

류근 설마요. 글을 모르는데 어떻게 왕의 사부가 될 수 있겠어요?

신돈 저, 그 부분은 노코멘트로 넘어갑시다.

이광용 아니, 청문회에 나와서 노코멘트라니요? 『고려사』에 다 나와 있단 말입니다. 이뿐만이 아닙니다. 불도를 닦은 사람으로서 기본이 안 돼 있어요. 이런 제보를 받았습니다. "신돈은 여색을 밝혀 늘 검은 닭과 흰 말고기를 먹어 양기를 돋웠으므로 당시 사람들이 그를 두고 늙은 여우의 화신이라고들 수군댔다."

신돈 아니, 난 이미 환속한 사람이라고 아까 이야기했잖소? 환속한 사람이 여인을 품고 육식을 하는 것이 뭐가 잘못된 것이오?

이광용 좋습니다. 그뿐만이 아닙니다. 신돈이 뇌물을 받는 걸 본 사람이 있다더군요. 구체적인 증언을 읽어 드리겠습니다. "조정에 있는 자 모두가 특혜를 바라고 신돈의 위세를 두려워해 서로 뒤질세라 노비와 보물을 바쳤다. 신돈의 탐욕과 음란함이 날로 심하여져서 재물과 뇌물이 몰려들었다."

신돈   그런 일 없소. 이건 모함이오. 개혁을 추진하는 나를 모함하는 것이오.

류근   아니, 이건 아니죠. 그게 정말로 사실이라면 사퇴하셔야죠.

신돈   나는 검증할 필요가 없는 사람이오. 항간에 도는 참언에 "진사년에 성인이 나온다."라는 얘기가 있다는 것을 들어 보셨소? 내가 개경에서 본격적으로 활동하기 시작한 때가 1364년인데, 그때가 갑진년이오. 그리고 그 이듬해가 1365년 을사년이오. 그러니 진사년에 나온 성인이란 바로 나를 가리키는 말이오. 그럼 난 이만 가겠소.

이광용   진실은 제대로 밝히지 않고 황급히 자리를 떠나는 신돈의 모습이 뭔가 석연치 않습니다. 철저한 조사와 검증을 통해 이번 인사를 반드시 재고해야 한다고 강력히 주장하는 바입니다.

공민왕이 신돈을 선택한 이유

최원정   청문회 형식을 빌려 신돈을 검증해 봤는데, 그 내용은 다 『고려사』와 『고려사절요』의 기록에 근거했습니다.

류근   이제 보니 신돈이 완전히 전문적으로 혹세무민하는 인물이에요.

신병주   당대에 다음과 같은 기록이 있어요. 신돈이 집에 있을 때는 술과 고기를 즐겨 먹고 마음대로 풍악과 여색을 즐기다가도, 공민왕을 만나면 돌변해 고상한 이야기를 나누고 채소와 과일만 먹고, 고기 같은 것은 못 먹는다면서 차만 마셨다는 겁니다. 두 얼굴을 가진 인물이죠.

이해영   이중인격자 같은 느낌이네요.

류근 배경도 연줄도 없는 신돈이 하루아침에 고려의 이인자로 등극한 거 아닙니까? 그래서 절대 권력을 휘두르게 되었고요. 당연히 사람들 사이에서도 이러쿵저러쿵 소문이 무성했을 것 같아요.

최원정 공민왕이 신돈을 선택한 이유를 직접 얘기한 적이 있나요?

이익주 『고려사』에 이런 기록이 있습니다. "왕이 왕위에 오른 지 오래되었는데, 재상들이 마음에 들지 않았으므로 생각하기를 '세신 대족들은 친당이 뿌리처럼 이어져 있어 서로 허물을 가려 준다. 초야에서 새로 올라온 사람들은 일단 출세하면 자기 집안이 한미한 것을 부끄럽게 여겨 세신 대족의 사위가 되고 처음의 뜻을 다 버린다. 유생들은 유약하고 강직하지 못하다. 이 세 부류는 모두 쓰지 못하겠다.'라고 했다." 그래서 세속을 떠나 홀로 선 사람을 찾아 크게 쓰겠다고 했는데 그 사람이 바로 신돈이죠. 공민왕이 신돈을 등용해 자기가 하고 싶었던 개혁을 과감하게 추진했다는 이야기입니다.

이해영 그렇군요. 아까 우리가 "신돈 같은 '갑툭튀'에게 왜?"라는 질문을 던졌는데, 결국 정답은 '갑툭튀'이기 때문이라는 거네요.

류근 지금까지 고려의 정치는 문벌 귀족이나 원 간섭기 이후 누대로 권력을 세습한 권문세족들의 영역이었는데, 생각해 보니까 그들에게서는 개혁적인 모습을 기대하기는 참 난망했을 것 같다는 생각이 들기도 해요. 공민왕이 신돈을 통해 이른바 위임 정치를 했다는 거죠? 특이한 사례네요.

이익주 그렇죠. 왕권을 어떤 한 사람에게 위임해 그 사람이 왕의 뜻을 대신 펼칠 수 있도록 보장해 주는 겁니다.

최태성 신돈은 처음에는 공민왕의 집권 요청을 수락하지 않았다고 해요. 근데 공민왕이 간절하게 청하니까, 서로 맹서를 주고받습니다. 신돈은 공민왕에게 "절대 다른 사람의 참소를 믿으시면 안

됩니다. 그러면 복을 받을 수 없습니다."라고 이야기하죠. 그리고 공민왕은 신돈에게 "사부는 나를 구하고, 나는 사부를 구할 것이며, 다른 사람의 말에 미혹되는 일이 절대 없을 것을 부처와 하늘 앞에 맹세하노라."라고 약속합니다.

이해영 뜨겁네요. 뭔가 가슴 절절한 '브로맨스'가 느껴집니다.

최원정 서로 절대 배신하지 말자고 맹세한 거네요.

신병주 서로 맹약을 맺은 후에 공민왕이 신돈의 격을 높여 주는 조치를 많이 취합니다. 기록을 보면 공민왕이 선왕의 왕릉을 참배하러 갈 때 백관은 무릎을 꿇고 엎드려 절하는데, 신돈만은 홀로 우뚝 서 있었다고 합니다. 상당히 파격적으로 대우해 줬다는 거죠.

이익주 마치 군신 관계가 아닌 대등한 사이인 양 행동한 것이죠. 그래서 어떤 자리든 신돈이 나타나면 모든 관리가 일어나 맞이하는 진 풍경이 연출됩니다. 거의 왕이나 다름없는 존재가 된 거죠. 이런 사실이 외국에도 알려져 그 당시 고려에 온 원의 사신이 신돈을 권왕(權王)으로 부릅니다. "고려에 권왕이 계시다던데, 지금 어디 계시는가?"라고 질문했다는 거죠.

최원정 근데 당대의 사람들이 이걸 받아들여요?

최태성 권문세족들은 당연히 싫어하죠. 그런데 의외로 백성들은 좋아해요. 아주 좋아합니다. 왜 그러는지는 그 당시의 상황을 좀 봐야 해요. 권문세족들이 산과 산, 강과 강을 경계로 할 정도로 대농장과 토지를 어마어마하게 갖고 있었던 데 반해, 백성들은 자연재해 때문에 너무 힘들어하는 상황이었거든요. 신돈이 정권을 잡았던 공민왕 14년 차 기록을 보면, 지진에다가 우박까지 엄청난 자연재해가 매우 많아요. 그런 상황 속에서 농민들은 이자가 비싼 돈 때문에 노비로 전락하는 사례도 아주 많았죠. 근데 이렇게 어려운 상황을 신돈이 한 방에 해결해 주려고 합니다.

신돈의 개혁 정치, 고려를 바꾸다

신병주   교과서에도 나오는 내용인데, 1366년에 전민변정도감을 설치해 권세가들이 불법적으로 점유하던 노비들을 양인 신분으로 회복해 줍니다. 그리고 권세가들이 빼앗아 가졌던 토지도 본래 주인에게 돌려주고 세금을 내게 해서 상대적으로 권세가들의 세력은 약화되고 국가의 재정 기반은 확충했죠.

최태성   이러니 백성들은 신돈에게 열광하는 거예요. 기록을 보면 이렇게 나와 있습니다. "명이 나오자 많은 유력한 가문이 빼앗은 전민을 그 주인에게 돌려주었으므로 온 나라가 기뻐하였다." 심지어 "양민 되기를 호소하는 자는 양민으로 해 주니, 이에 노비로서 주인을 배반한 자가 봉기하여 말하기를 '성인이 나타나셨도다!'라고 떠들었다."라는 기록도 나옵니다.

최원정   그야말로 구세주가 나타났네요.

류근   신돈 덕택에 노비에서 양인이 되었으니, 그렇게 열광하는 심정이 이해되네요.

이익주   전민 변정 사업은 원 간섭기에도 여러 차례 시도된 적이 있었는데, 한 번도 성공을 거두지 못합니다. 근데 이때는 같은 방법이지만, 공민왕과 신돈의 강력한 개혁 의지에 따라 성공을 거두죠. 성공한 개혁이라는 데 중요한 의미가 있습니다.

신병주   주목되는 또 다른 개혁으로 과거제도 개혁이 있습니다. 과거에 합격한 사람들끼리 사사로이 당을 만들어요. 좌주와 문생이라 해서 자기들끼리 서로 추천해 주고 이끌어 주는 거죠. 요즘으로 치면 학파라고도 할 수 있고 계파 정치와 비슷하다고도 할 수 있는데, 신돈이 그 연결 고리를 끊으려고 했어요.

류근   얘기를 들어 보니까 기존 세력들의 힘을 좀 빼는 정도가 아니라, 아예 물갈이까지 하려고 나서네요? 갈아엎는 수준이네요.

수렵도 이제현이 그렸다고 전해지는 그림이다.

신병주 유학자 이제현이 공민왕에게 "신돈의 골상이 옛날의 흉인과 유
사하니 가까이 하지 마십시오."라고 조언합니다. 그러니까 신돈
이 이제현을 지목해 "이제현의 문생들이 나라를 뒤엎는 도적과
같다."라는 표현까지 쓰며 반격을 가하죠.†

최원정 골상이라면 두개골 모양을 말하는 거예요? 조금 감정적인 대응
으로 보이네요.

이해영 골상으로 사람을 평가하는 것, 저는 진짜 반대합니다.

류근 너무하네요. 아니, 무슨 대학자가 다른 것도 아니고 골상을 가지
고 시비를 걸어요?

신병주 신돈이 이제현 세력을 치려고 하니까 이제현도 맞섰던 거죠. 근
데 결과적으로는 신돈이 이깁니다. 이때는 신돈의 힘이 막강해 전
성기를 누릴 때니까요. 이제현도 상당히 명망 있고 존경받는 학
자였는데도 공민왕에게 건의했다가 오히려 좌천되는 일을 겪죠.

이익주 유생들, 즉 유학자들의 좌주-문생 관계를 끊음으로써 그들이 개

성균관 대성전

혁 세력으로 거듭나기를 요구한 겁니다. 그러니까 과거 제도의 개혁은 개혁을 추진하는 세력을 새롭게 만들어 내겠다는 공민왕의 의지가 담긴 정책이라고 할 수 있습니다.

최태성 그뿐만 아니라 신돈은 홍건적의 난 때 불에 탄 성균관을 다시 짓습니다. 젊은 학자를 모아 성리학을 교육할 수 있는 공간을 만들어 놓은 것이죠. 우리가 잘 아는, 한 번쯤은 이름을 들어 봤을 이색[1]과 정도전, 정몽주, 하륜, 권근 등 젊은 학자들이 교관 등으로 참여하면서 자기들의 세력을 키워 나갈 공간과 장소를 만들어 준 것이죠.

신병주 저기서 조선 건국을 이끄는 주역들이 상당수 나왔죠.

최태성 그렇죠. 어떻게 보면 신돈이 조선 건국의 씨앗을 심어 놨네요.

이해영 신돈이 권문세족, 그러니까 기존에 세력을 갖고 있던 사람들의 반감을 사면서 백성들의 열렬한 지지를 얻는 개혁가의 행보를 보여 줍니다. 매우 흥미롭네요.

이색 초상

최원정 　그러니까요. 신돈의 개혁을 정리해 보면, 토지제도와 노비 제도
　　　　의 혁신, 신진 관료의 양성 등인데, 잘 살펴보면 결국 권문세족
　　　　들의 경제적·인적 기반을 다 흔들어 놓는 거네요. 권문세족이
　　　　가만히 있었을 것 같지는 않은데요?

최태성 　당연히 반격이 있죠. 신돈을 요승으로 부릅니다.

이해영 　아니, 그게 다예요? 요승이라고 일컫고 소문내는 정도면 반격이 너무 약하지 않아요?

최원정　그러니까요. 너무 소극적인데……. 분명히 뭔가가 더 있을 것 같습니다.

> † 신돈이 처음에 총애를 받을 때 이제현이 왕에게 아뢰기를, "신돈의 골법(骨法)이 예전의 흉인(凶人)과 닮았으니 가까이하지 마십시오."라고 하여, 신돈이 앙심을 품었다. (이제현이) 늙었기 때문에 해치지 못하다가, 왕에게 말하기를, "유자(儒者)는 좌주(座主)니 문생(門生)이니 하며 서로서로 청탁합니다. 이제현 같은 사람은 문생의 문하에서 또 문생을 보아 마침내 나라에 도둑이 가득 차게 되었으니 과거(科擧)의 해로움이 이와 같습니다."라고 하였다.
> ― 『고려사』 「신돈 열전」

고려 뉴스: 신돈 암살 모의

이광용　공민왕 16년에 신돈을 암살하려는 모의가 있었습니다. 밝혀진 배후만 해도 무려 열한 명으로, 고려 정치의 핵심 세력이 그 안에 들어 있었습니다. 그들 사이에는 다음과 같은 의견이 오갔다고 합니다. "신돈이 사특하고 아첨함이 음험하고 교활하다. 사람을 참소하고 헐뜯기를 좋아하며 훈구를 내쫓고 죄 없는 사람을 무찔러 죽여 당파가 날로 성해졌으니, 장차 국가의 큰 근심거리가 될 것이다. 마땅히 전하께 아뢰, 일찌감치 제거해야 한다." 그런데 이 암살 시도가 신돈의 귀에 금세 들어갔습니다.

이해영　그러면 피의 보복이 이어졌겠네요.

이광용　이 모의는 몇몇이 모여 뒷방에서 수군수군한 수준이 아니었습니다. 고려의 기존 정치 세력이 거의 연루됐다고 봐도 될 정도로 덩치가 큰 사건이었습니다. 신돈은 공민왕에게 이 일을 고하고† 관련자들을 모조리 유배 보내거나 죽여 버립니다.

류근　근데 공민왕 16년이면 신돈이 정권을 잡은 지 얼마 안 됐을 때 아닙니까?

이광용　그렇죠. 그런데 이듬해인 공민왕 17년에도 신돈 암살 시도가 또 있었습니다. 이번에는 한 사공의 고발로 미수에 그쳤습니다.

이해영　아니, 앞서 일어난 암살 시도 때 관련자를 모조리 유배 보내거나 죽였다고 했는데, 또 암살 시도가 일어났다면 신돈이 정말 많이 긴장했을 것 같아요.

이광용　분명히 긴장할 수밖에 없는 상황이겠죠? 공민왕은 신돈 암살을 모의한 이들을 옥에 가두거나 곤장을 쳐 유배 보냈습니다. 그런데 신돈은 이걸로는 성에 차지 않았던 모양입니다. 뒤이어 사람을 보내 길에서 유배 가던 그들의 목을 졸라 죽였다고 합니다. 이렇게 신돈이 강력한 개혁 정책을 추진하자마자 목숨을 위협당하는 상황입니다만, 공민왕이 정말 든든하게 보호해 주었습니다. 과연 신돈과 공민왕의 '브로맨스'는 언제까지 계속될 수 있을까요?

> † 신돈이 밤에 그 무리를 시켜 활과 칼을 갖추어 호위하게 하면서 왕에게 나아가 변을 고하며 아뢰기를, "저는 산수 간의 일개 승려일 뿐인데 왕께서 억지로 시키셔서 여기에 이르렀으니, 제가 감히 명을 어길 수 없어 간악한 자를 제거하고 현량한 이를 등용하여 삼한의 백성이 조금이나마 편안해지면 한 벌의 옷과 바리때 하나를 가지고 산림으로 돌아가려고 하였습니다. 이제 나라 사람들이 저를 죽이려 한다고 하니 주상께서는 저를 불쌍히 여기소서."라고 하였다.
> ─『고려사』「신돈 열전」

신돈, 공민왕의 정치적 아바타?

최원정　기존 정치 세력들이 힘을 모아 신돈을 제거하려고 한 건데, 공민왕이 신돈 편을 들며 든든히 지켜 줬네요. 배신하지 않겠다던 두 사람의 맹서를 지켰습니다.

신병주 　신돈이 권력을 잡고 독주해 나가니까, 기존 정치 세력 외에 공민왕의 친모 명덕태후까지도 공민왕에게 신돈을 조심하고 경계하라고 이야기합니다. 그러자 오히려 공민왕이 명덕태후마저 멀리하는 모습을 보여요.[†]

최태성 　근데 암살 모의 사건이 있을 때마다 신돈이 공민왕에게 달려가 자기 신변을 보호해 달라고 요청하잖아요. 그 말은 곧 신돈의 권력은 바로 공민왕의 왕권에서 비롯된다는 것을 보여 주는 것 같아요.

류근 　그럼 공민왕이 교묘한 통치술을 보여 준다고 해석해야 하는 걸까요? 신돈이 제 아무리 날고뛰어도 공민왕에게 신임을 잃는 순간 그의 권력도 끝난다는 걸 보여 주는 것이지 않습니까?

이익주 　그렇죠. 그래서 이쯤에서 공민왕이 신돈을 보호한 이유가 무엇인지 한번 생각해 볼 필요가 있습니다. 과연 신돈만을 보호한 것일까요? 신돈이 정권을 잡은 뒤 개혁을 추진하면서 많은 사람을 죽이거나 쫓아내는데, 그 면면을 보면 대체로 공민왕의 개혁에 반대하거나 반기를 든 사람들입니다.

최태성 　그 당시에 숙청의 바람이 얼마나 거셌는지 『동사강목』의 기록을 보면 몸이 떨릴 정도입니다. "신돈은 권력을 자행하며 은혜와 원수는 반드시 보복해 세가 대족을 거의 죽이니. 사람이 호랑이같이 보였다."

류근 　개혁보다는 우선 공민왕의 적들을 제거해 주기 위한 작업처럼 보였을 여지가 충분히 있겠는데요?

이익주 　공민왕은 반원 운동을 시작으로 기황후와 싸우고 덕흥군에 의해 폐위당할 뻔하는 과정에서 목숨을 잃을 뻔한 위기를 여러 차례 넘기죠. 그래서 이쯤 되면 권문세족들을 상대로 개혁을 추진했을 때 자기가 위험할 수 있다는 사실을 누구보다도 잘 알았던 겁니다. 그래서 왕권을 대행하는 신돈이라는 사람을 만들어 놓음으로써, 개혁도 추진하고 자기의 안위도 보장받는 길을 택했다고 할 수가 있겠습니다.

류근   그렇다면 결국 노련한 정치인인 공민왕이 순진한 승려였던 신돈을 앞세워 자기 손에 피를 묻히지 않고 정적들을 제거한 셈이 되는 건가요? 무서운 얘기네요.

이해영   그러니까 말하자면 신돈은 공민왕의 정치적인 '아바타' 내지는 현장에 대신 나가 뛰어 주는 해결사였네요. 공민왕이 진짜 무서운 사람이에요.

최태성   신돈이 공민왕의 정치적 '아바타'라고 이야기하셨잖아요? 근거 있는 이야기입니다. 신돈이 개혁 정치를 펼치는 이유는 표면적으로는 백성을 위해서잖아요. 근데 그 당시에 백성들이 너무나도 고통스러워하는 사업이 있었어요. 바로 노국대장공주의 영전을 조성하는 대규모 토목공사입니다. 이 사업 때문에 백성들이 동원되고 수탈당해 너무 힘들어하는 상황인데, 중요한 건 백성을 위해 개혁한다던 신돈이 이 사업에 관해서는 공민왕에게 이의를 제기하지 않죠. 따라서 과연 신돈을 정말로 백성을 위해 개혁을 추진한 정치가로 볼 수 있는지는 조금 의문이 듭니다.

최원정   게다가 뭔가 신돈이 변했다는 게 보인다면서요?

이익주   신돈이 등장한 지 4년째인 공민왕 18년에 신돈이 자기를 5도도사심관으로 임명해 달라고 공민왕에게 요청합니다. 좀 생소한 관직입니다만, 이 자리를 갖게 되면 신돈의 권력이 사심관을 통해 지방까지 미치게 되죠. 그런데 공민왕이 뜻밖의 반응을 보입니다. 상소문을 불태워 버려요. 이는 공민왕이 신돈의 요청을 거부한 최초의 사례입니다. 그러니까 이때쯤이 되면 신돈이 자기 권력을 키워 나간다는 점을 공민왕도 파악하고 신돈을 경계하기 시작했다고 볼 수 있죠.

신병주   1370년 무렵의 기록을 보면 지방 실정을 살피러 갔던 최용소라는 인물이 돌아와 바로 신돈부터 만납니다. 당연히 왕에게 먼저 보고를 해야 하는데 말이죠. 그래서 공민왕이 크게 화나 최용소를 장형에 처했다고 합니다. 그 당시에 신돈이 지닌 위상을 보여주죠. 그리고 신돈이 기고만장할 수 있었던 중요한 계기가 있습니다. 1370년에 명이 공민왕을 왕으로 책봉했는데, 신돈에게도 채색 비단과 황제의 인장이 찍힌 조서를 보냅니다. 그 내용을 보면 신돈을 상국으로 일컬어요. 이런 식으로 명도 신돈을 인정한 거죠.

류근   어찌 보면 왕에 버금가는 위상을 갖게 된 거잖아요. 슬슬 조짐이 좋지 않은데요? 처음에는 주겠다는 권력을 거부까지 했던 사람이 다른 모습을 보이네요.

이해영   그러게 말입니다. 환속한 지 오래되어서일까요? 점점 욕망을 드러내기 시작하네요.

신병주   어쨌든 간에 처음에 신돈이 휘두른 권력은 그 당시에 고통받는 백성들을 위하고 기득권을 가진 세력들을 견제하기 위한 권력이었죠. 그런데 이제는 자기를 위한 권력으로 변질된 겁니다.

이해영   그러면서 두 사람의 유대 관계는 점점 깨지기 시작했겠네요.

> † 태후가 말하기를, "왕께서는 하늘이 가뭄을 내리는 까닭을 아십니까? (······) 왕의 나이가 어리지도 않은데 어찌 국가의 권력을 다른 사람의 손에 빌려주고 계시는 것입니까?"라고 하면서 눈물을 흘렸다. (······) 이로부터 왕은 태후를 원망하였고, 신돈의 참소와 이간질도 더해지게 되어 효심이 결국 쇠하였다.
> ─『고려사』 「신돈 열전」

신돈의 죽음

1371년 7월, 신돈의 측근들이 체포된다.
신돈이 역모를 꾀한다는 밀고에 관한
국문을 하기 위해서였다.

공민왕은 역모의 죄를 물어
신돈을 수원으로 유배 보낸다.

그러나 신하들은 공민왕에게
신돈을 극형에 처하라고 강하게 요구한다.

결국 신돈은 유배 간 지 이틀 만에
사지가 잘리고 목이 효수되는
처참한 죽음을 맞이한다.

공민왕, 신돈을 버리다

최원정 일이 너무 일사천리로 진행되네요. 유배 간 지 이틀 만에 처형당했어요.

류근 아무리 정치가 비정한 세계라고 해도, 공민왕이 좀 너무한 거 아닙니까? 그토록 신임했던 신돈인데, 얼굴 맞대고 변명이라도 한번 들어 봤어야 하는 거 아닌가요?

이해영 그러게 말입니다. 너무 속전속결이에요. 다시 생각해 보면 처음의 맹서조차도 그 의도가 의심돼요. 애초에 공민왕이 뭔가 목표를 갖고 계략과 계획을 세워 신돈을 함정에 빠뜨린 건 아니었을까요?

최태성 이렇게만 보면 공민왕은 냉혈 정치인 그 이상도 그 이하도 아닌 것 같습니다. 그런데 다르게 보면 공민왕으로서는 권력이 한쪽에 몰리는 것을 매우 경계할 수밖에 없거든요. 예전에 그렇게 기세가 등등하던 부원 세력도 제거해 버렸는데, 자기 심복이라고 할 수 있는 신돈도 예외가 될 수는 없죠. 신돈의 권력이 너무 비대해지니까 제거 대상이 된 거예요.

이익주 그러니까 결국 공민왕이 신돈을 버렸다고 할 수 있습니다. 이 무렵이 되면 신돈을 앞세워 추진한 전민 변정 사업이 어느 정도 성과를 거두었다고 자평할 수 있게 됩니다. 그리고 나라 바깥에서 아주 중요한 변화가 일어납니다. 중국에서 원이 명으로 교체되죠. 그러면서 공민왕이 명으로부터 책봉을 받습니다. 그러자 고려 왕으로서 명을 직접 상대해야 하는, 그 이전과는 다른 상황이 오니까 신돈을 내세워 권력을 위임하는 정치를 하기가 더는 어려워진 측면이 있었던 거죠. 실제로 공민왕은 명의 책봉을 받은 직후부터 친정(親政)을 하기 시작합니다. 그래서 신하들이 왕에게 직접 보고하게 함에 따라 신돈의 정치적 영향력이 서서히 축

천산대렵도 공민왕이 그렸다고 전해지는 수렵도다.

소되어 가던 시점이었습니다.

이해영 공민왕이 신돈을 수단으로, 대행할 수 있는 해결사로 사용했다고 볼 수 있겠네요.

류근 어찌 보면 신돈은 권력의 주구였다가 결국엔 토사구팽당하는, 정치적 생리의 희생자라는 느낌이 강하게 들어요. 그렇다면 신돈은 정말로 반역을 시도했던 걸까요?

이익주 그 당시 상황으로 볼 때 신돈이 공민왕을 공격할 이유가 없었죠.

조광조 적려 유허비 기묘사화 때 조광조가 화순에서 귀양살이한 것을
추모하기 위해 세운 비다.

신돈에 관한 기록은 대체로 신돈이 죽은 다음에 대단히 부정적
으로 과장되어 쓰였습니다. 그래서 이 시기 사료는, 특히 신돈과
관련된 사료는 좀 조심해서 읽을 필요가 있습니다.

류근 　행간을 읽어야 한다는 말씀이시군요.

최원정 　근데 처형되기 전에 신돈이 공민왕에게 맹서를 상기하게 하면
　　　　되잖아요. 그 정도 해명할 시간도 안 줬던 거예요?

이익주 　신돈과 손을 잡고 모반한 사람들에 대해서만 국문했고, 신돈은
　　　　심문조차 당하지 않습니다. 갑자기 수원으로 유배를 갔고, 유배
　　　　지에서도 자기가 죽을 것으로는 전혀 생각하지 못하고 있었죠.
　　　　그러니까 신돈은 어떻게 보면 변명할 기회조차 갖지 못하고 죽

임을 당한 겁니다.

신병주　정말 여러 면에서 조광조와 닮아 있네요.

이해영　유배 이틀 만에 죽인 건 너무 빨라요. 이 정도면 신돈이 진짜 억울했겠는데요.

최원정　재판도 없이 그냥 처형당한 거잖아요. 그런데 신돈이 죽은 후 고려 저잣거리에 이상한 소문이 돈다고 합니다.

반야의 아들 모니노의 아버지는 누구?

백성 1　저 연극을 잘 보시게. 요즘 저잣거리에 이상한 소문이 돈다니까? 신돈이 살아 있을 적에 신돈과 그의 애첩 반야 그리고 전하께서 연루된 소문이라는데, 그 소문을 바탕으로 만든 연극이라네.

신돈　반야야! 내가 오늘 너를 좋은 곳으로 보내 주려 한다. 어디인가 하면 저기 보이는 으리으리한 궁궐이란다. 저기에 사시는 분이 너를 기다리고 계신단다. 바로 고려에서 제일 높으신 분이지. 자, 어서 전하께 가자꾸나.

백성 1　신돈이 반야를 후사가 없어 상심이 크시던 전하께 보냈는데, 글쎄, 금세 배가 불러왔다는구먼.

공민왕　여봐라. 어서 가서 산파를 불러오거라. 아, 나온다! 아기가 나온다! 아이고, 아들이다, 아들이야! 나와 똑 닮은 원자로구나! 드디어 내게도 든든한 후계자가 생긴 것이야.

백성 1　저 아이의 이름이 바로 모니노라네. 저 아이가 다음 왕이 될 거라는 말이 있지.

백성 2　에? 뭔가 좀 이상한데? 그동안 생기지 않던 아이가 떡 하니 반야에게만 생겼다니? 이건 수상한 일이지. 옳거니! 신돈의 아이로구나.

백성 1   진실은 누구도 알 수 없지. 하여튼 신돈은 죽어서도 고려를 들었다 놨다 하는구먼!

모니노의 아버지는 신돈?

최원정   당시 백성들 사이에서 널리 회자되었을 법한 대형 스캔들이네요.

이해영   근데 진실은 뭐죠? 누가 알까요? 유전자 검사를 할 수도 없고 말이죠. 공민왕이 여태까지 오랫동안 후계자가 없다가, 하필 신돈이 보낸 여인을 만났더니 아이가 생겼다는 건 우연으로만 치기에는 좀 떨떠름한데요.

최원정   긴가민가하네요. 공민왕은 알지 않았을까요?

이익주   공민왕도 몰랐을 겁니다. 이 사실은 누구도 알 수 없는 일이죠. 진실을 확인할 방법이 없습니다.

이해영   그래도 왠지 신돈은 알지 않았을까요?

류근   일종의 음모론 같지만, 공민왕이 모니노의 친부가 신돈이라는 것을 알고 난 다음에 일부러 역모의 죄를 물어 신돈을 제거하려 한 것이 아닐까요?

신병주   조선의 건국 주체 세력은 모니노가, 그러니까 우왕이 당연히 신돈의 아들이라고 주장합니다. 우왕과 그 아들 창왕을 신우와 신창으로 부르죠. 반면에 고려의 존속을 지지하는 세력들은 우왕을 공민왕의 아들로 보았고요. 그 당시에도 주장이 엇갈렸죠.

이익주   우왕이 누구의 아들인지는 지금으로서는 알 수 없는 사실입니다. 다만 우리가 염두에 두어야 할 것은, 조선을 건국한 사람들이 신돈을 실제 이상으로 나쁘게 평가함으로써 고려 말의 역사를 부정적으로 기록하려 했다는 점이죠. 이성계 세력이 창왕을 폐하고 공양왕을 세울 때 자기들의 행동을 '폐가입진(廢假立

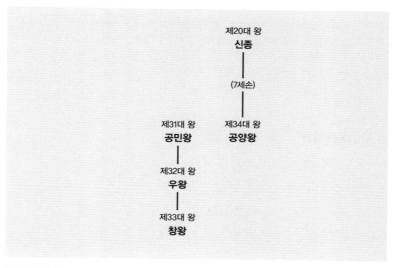

제20대 왕
신종
│
(7세손)
│
제31대 왕　　　제34대 왕
공민왕　　　**공양왕**
│
제32대 왕
우왕
│
제33대 왕
창왕

고려의 마지막 왕들

眞)'이라고 했습니다. 가짜를 폐하고 진짜를 세운다는 건데, 여기서 말하는 가짜가 바로 우왕과 창왕입니다. 왕씨의 자손이 아니라 신돈의 자손이라는 거죠. 그래서 이런 정황을 보면 우왕이 신돈의 아들이라는 주장은 조작되었을 가능성이 높다고 볼 수도 있는데, 다만 공민왕의 태도도 석연치 않은 점이 있습니다. 그 당시 상황을 보면 왕실에서 아들을 매우 기다리던 상황이거든요. 그런데 어머니가 누구든 간에 아들이 태어났는데도, 이 사실을 바로 공표하지 않고 7년이나 지나 우왕이 일곱 살이 되었을 때 비로소 "사실은 내 아들이 신돈의 집에서 자라고 있다."라고 말한 거예요.† 그것도 신돈이 수원으로 유배 가 있는 상황에서 그 말을 처음 꺼냈어요. 이렇게 되니까 그 당시 사람들로서도 과연 왕의 말을 믿어야 할지 의심할 만한 상황이 됐던 거죠.

신돈에 대한 평가

최원정 　갑작스럽게 정치 전면에 나타나서 권력을 휘두르고 6년 만에 죽음을 맞이한 신돈의 삶 자체가 진짜 극적이네요. 아까 얘기가 나온 것처럼 죽고 나서도 고려를 들었다 놨다 하고요.

류근 　어쩌면 공민왕에게 신돈은 애초부터 모래시계와 같은 존재였다고 생각하게 됩니다.

이해영 　근데 여러 이야기를 들었지만, 신돈을 정확하게 어떤 인물로 봐야 할지 판단하기가 진짜 어려운 것 같아요.

최태성 　신돈에 관해서는 베일에 싸인, 뭔가 선명하지 않은 모습이 정말 많은 것 같아요.

이해영 　어찌 됐든 고려 말기에 기존 세력에 속하지 않았기 때문에 개혁가가 될 수 있었고, 동시에 속한 세력이 없었기 때문에 고려에서는 끝내 살아남을 수 없었던 인물입니다. 모든 시대의 개혁가들에게 공통된 한계를 반복해 보여 주는 인물이어서 약간 씁쓸하네요.

최태성 　신돈에게는 부정적인 측면도 분명히 있어요. 예를 들면 신돈의 집권기에는 당시에 국가 최고 의결 기구라고 할 수 있는 도당이 거의 무력화되거든요. 의미 없는 기구가 되어 버린다는 얘기죠. 대신에 신돈의 측근들이 신돈을 등에 업고 모든 국가 업무를 장악합니다. 그러니까 우리가 여러 번 얘기한 측근 정치의 폐해가 나타나죠. 공민왕은 신돈은 이용해 측근 정치를 하게 했다고 볼 수 있고요.

류근　위임 정치에 더해 측근 정치까지 나타난 셈이네요.

신병주　신돈의 정치가 독재의 성격을 띠고 측근을 활용하면서 공적 시스템을 무너뜨림으로써 결과적으로 초반의 신선함 같은 긍정적인 요소를 많이 잃어버렸죠. 그래도 결국 신돈이 꾸려 놓은 개혁의 씨앗과 성과들이 훗날 조선 건국의 토양이 되었다는 점은 우리가 인정해 줘야 하지 않을까 생각합니다.

이익주　우리가 늘 생각하는 것처럼 현실의 승자와 패자가 그대로 역사의 승자와 패자로 이어지는 않습니다. 신돈처럼 현실에서는 패배한 인물이라도 역사에서는 승자가 될 수도 있죠. 신돈의 전민 변정 사업은 성공했지만, 그것으로도 개혁이 충분하지 않았기에 신돈의 다음 세대에 활동하는 정도전이나 조준 같은 사람들은 전민 변정보다 더 본질적인 개혁이 필요하다고 생각할 수 있었습니다. 그래서 과전법이라는 새로운 제도를 만들어 고려 사회를 좀 더 본질적으로 개혁하려고 했고, 그 개혁의 끝이 결국에는 왕조 교체로까지 이어졌다고 한다면, 저는 신돈이 현실에서 당한 패배가 꼭 역사에서 패배한 것을 의미하지는 않는다고 봅니다.

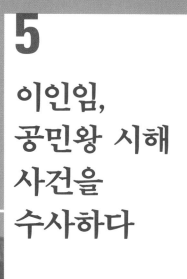

5

이인임,
공민왕 시해
사건을
수사하다

공민왕은 23년간 재위하면서 반원과 개혁이라는 두 가지 목표에 전념했다. 원이 쇠퇴하는 국제 정세의 변화와 공민왕의 정확한 판단에 힘입어 반원 운동은 거의 성공했지만, 개혁은 끝내 완수하지 못했다. 개혁을 위해 등용했던 신돈을 처형한 뒤, 공민왕은 반대 세력의 공격에 직접 노출되었고, 결국 시해당하면서 고려의 정치는 혼돈 속으로 빠져들었다.

국왕 시해라는 충격적인 사건이 벌어지고 권력에 공백이 생겼을 때, 이인임이 등장했다. 이인임은 공민왕 때까지만 해도 크게 두각을 나타내지 못했지만, 공민왕의 아들인지 의심받던 우왕을 옹립함으로써 권력을 잡는 데 성공했다. 공민왕의 뜻이 우왕에게 있었다는 것이 이인임의 주장이었다. 공민왕의 개혁에 숨죽이던 권문세족이 이인임을 지지했고, 권문세족이 살아나면서 개혁은 당연히 중단되었다.

이인임은 권력을 장악하자 곧 원과의 외교를 재개하고자 했다. 당시에 고려가 책봉-조공 관계를 맺었던 명이 공민왕의 죽음에 관해 의심하고, 우왕의 즉위를 인정하지 않았기 때문이다. 게다가 공민왕의 치세 말기에 고려에 파견되었던 명의 사신이 돌아가는 길에 피살되는 사건이 일어나 이인임에게 커다란 부담이 되었다. 이인임은 명과의 관계를 그대로 유지하는 동시에 원과도 통교함으로써 명의 압박을 줄여 보고자 했던 것으로 보인다.

하지만 이인임의 정책은 공민왕의 평생 업적인 반원과 개혁 두 가지를 모두 부정하는 것으로 받아들여졌다. 공민왕 때 성장한 신흥 사대부들은 대원 외교 재개에 강력히 반발해 이인임을 공격하기 시작했다. 이 공격은 이인임을 지지하던 권문세족의 반격을 초래했고, 결국 정몽주와 정도전을 비롯해 수많은 신흥 사대부가 유배되어 정계에서 축출되었다. 이때 신흥 사대부를 처벌하자고 앞장서 주장한 사람이 바로 최영이었다.

신흥 사대부를 축출한 뒤 이인임의 권력은 더욱 강화되었다. 즉위 당시에 10세이던 우왕은 이인임의 억제를 받아 왕권을 행사하지 못했다. 또한 신흥 사대부뿐 아니라 권문세족 가운데서도 이인임과 경쟁하던 사람들은 갖가지 이유로 쫓겨나거나 죽임을 당했다. 우왕 초기에는 무장들이 반란을 꾀했다고 해서 처벌당하는 일이 자주 일어났고, 우왕의 유모마저 화를 당했다. 이 과정에서도 최영은 이인임의 강력한 후원자가 되었다.

이인임은 무려 14년간 권력을 누렸다. 국왕은 물론이고, 어느 누구도 그의 권력을 견제하지 못했다. 조정은 이인임의 친인척이나 이인임에게 아부하는 사람과 뇌물을 바친 사람으로 가득 찼고, 매관매직이 성행했다. 관직을 팔기 위해 관직 수를 늘리기까지 해서 본래 12명이던 재상의 수가 70~80명으로 늘었고, 한 번에 59명의 재상을 임명한 적도 있었다. 뇌물은 매관매직뿐 아니라 불법행위를 눈감아 주는 데서도 오갔다. 이인임 자신도 다른 사람의 토지를 강탈했는데, 수하들이 수정목(물푸레나무) 몽둥이로 때리고 토지를 빼앗았으므로 '수정목 공문'이라는 말이 시중에 떠돌았다고 한다.

어리석고 무능한 국왕과 탐욕스러운 권력자 아래에서 국가의 공적인 통치 시스템은 거의 마비되고 고려는 다시 암흑기로 접어들었다. 그 암흑은 공민왕의 개혁을 부정하고 개혁의 방향에 역행하는 것이었으므로 더욱 어둡게 느껴졌을 것이다. 그러나 이인임의 권력도 평생 가지는 못했다. 1388년, 드디어 우왕이 최영과 이성계의 도움을 받아 이인임 세력을 타도했다. 이때도 이인임은 최영의 도움으로 죽음을 면했지만, 사후에 부관참시와 파가저택이 행해졌다. 고려 최초이자 최고의 형벌이었다.

이인임이 권좌에서 쫓겨난 지 4년 만에 고려는 멸망하고 만다. 결과적으로 고려는 이인임의 폭정 때문에 멸망한 것이었다. 이런 점에서 이인임의 정치는 고려 역사상 가장 나쁜 정치였다. 여기서 우리는 탐욕스러운 권력자가 얼마나 나쁜 결과를 낳을 수 있는지를 본다.

공민왕 시해와 이인임의 등장

"노국공주가 아닌 다른 여인을 품지 않겠다."

왕위를 이을 후사가 없던 공민왕은
자제위 홍륜을 시켜 강제로
익비와 동침하게 한다.

마침내 익비가 회임하자,
공민왕은 진실을 은폐하기 위해
홍륜을 제거하려 한다.

이 사실을 안 홍륜은 1374년 9월,
침전을 기습해 공민왕을 시해한다.

태후는 공민왕이 시해되자
몇몇 대신에게 범인을 찾게 한다.

아무도 예상하지 못했던 공민왕 시해 사건,
그 수사의 중심엔 이인임이 있었다.

이인임, 공민왕 시해 사건의 범인을 잡다

최원정 고려 말 최고의 권력자로 무려 14년 동안이나 무소불위의 힘을 누린 인물, 바로 이인임에 관해 이야기해 보겠습니다. 여러 드라마에서 노련한 정치가로 등장해 아주 깊은 인상을 남기곤 하는 인물이죠.

이윤석 드라마에서는 공민왕이 시해당한 현장에 가장 먼저 도착한 사람이 이인임으로 나와요.

최태성 작가의 상상력에서 나온 장면이고, 실제로는 그렇지 않아요. 기록을 보면 공민왕을 시해한 범인들은 자기들의 혐의를 벗기 위해 "적이 외부에서 침입했다."라고 소리를 지릅니다. 그런데 재상이든 호위 무사든 모두 겁이 나서 아무도 들어오지 않는 모습들이 나오죠.

류근 그럼 도대체 공민왕이 시해된 걸 처음으로 확인한 인물이 누굽니까?

신병주 환관이 확인합니다. 일단은 사람들의 출입을 금지한 후에, 공민왕의 어머니인 명덕태후에게 바로 알립니다. 그러자 명덕태후가 왕의 죽음을 비밀에 붙이게 하고, 이인임을 비롯한 고위 대신들에게 빨리 이 사건의 주범을 잡아야 한다고 이야기하는 장면이 『고려사』의 「홍륜 열전」에 나옵니다.

이익주 그러니까 이인임이 혼자 수사한 것은 아닙니다. 하지만 범인을 찾는 데 가장 큰 공을 세운 사람은 역시 이인임입니다. 처음에 이인임은 공민왕이 원의 사주를 받은 사람에게 시해된 것으로 생각합니다. 그 당시에 공민왕과 원 사이의 관계가 아주 안 좋았기 때문이죠. 그런데 사건 현장에서 환관의 옷에 피가 묻은 것을 발견합니다. 그래서 환관을 잡아다가 문초해서 범인을 찾아냅니다.†

문학의 집 중앙정보부와 국가안전기획부의 수장 관저로 쓰였던 건물이다.

이윤석   이인임이 추리력도 아주 뛰어나네요. 거의 뭐 고려판 과학 수사
              대라고나 할까요?

신병주   공민왕을 시해한 주범인 자제위는 공민왕의 최측근이라 할 수
              있습니다. 10 · 26 사건 때도 중앙정보부장이 개입되어 상당히 혼
              란에 빠졌던 장면들과 오버랩되죠.

최태성   이인임은 음서 출신이에요. 음서는 시험을 보지 않고도 관직에
              올라가는 제도인데, 당시 권문세족들의 특권으로 볼 수 있는 제
              도거든요. 그런데 이렇게 음서를 통해 관직에 진출한 이인임은
              승진을 거듭해 서열 2위인 수시중까지 올라갑니다.

신병주   남다른 촉과 정치 감각이 분명히 있었던 인물 같아요. 그런데 문
              제는 그런 재능을 지나치게 자기 이익을 위해서 썼다는 거죠. 그
              래서 『고려사』 간신 열전에 이인임의 이름이 기록되어 있습니

다. 그 기록에는 이런 표현이 있어요. "유연한 태도와 아첨하는 말로 다른 사람을 기쁘게 한다."

이윤석 게다가 공민왕 시해범까지 잡아낸 뒤니까 이인임의 주가가 얼마나 높았겠습니까?

이익주 실제 기록에도 이인임이 말을 참 잘하고, 다른 사람들을 잘 설득한다고 나와 있습니다. 왕에게 무언가 아뢰러 가는 사람에게 "전하께 가서 아무 얘기도 하지 말고 이 편지만 전해라. 그러면 전하께서 틀림없이 이렇게 말씀하실 것이다."라고 해요. 그러면 실제로 그렇게 됩니다.‡ 그래서 이런 이인임의 능력은 동료들 사이에서 상당히 인정받았던 것 같아요. 이렇게 관료로서 승승장구하던 이인임은 공민왕 시해 사건을 해결하면서 본격적인 정치가로 변신합니다.

---

† (이인임이) 병풍과 최만생의 옷에 핏자국이 있는 것을 보고, 최만생을 순위부(巡衛府)에 가두고 국문하여 그 정황을 모두 알아내었다.
— 『고려사』, 「홍륜 열전」

‡ (이인임이) 글을 하을지에게 주어 보내면서 말하기를, "그대가 가면 주상께서 반드시 불러 볼 것이니 이 글만 바치고 삼가 다른 말을 하지 말라. 주상께서 알아차리고 반드시 회군하라고 분부하실 것이다."라고 하였다. 하을지가 길을 재촉하여 말을 달려 개경으로 가서 왕을 알현하니, 왕이 글을 보고 과연 크게 놀라며 첩지를 갖출 겨를도 없이 구두로 경복흥에게 강을 건너지 말 것을 명하였다.
— 『고려사』, 「이인임 열전」

우왕이 즉위하다

공민왕의 갑작스러운 죽음.
공석이 된 왕위를 놓고
고려 조정은 혼란에 빠진다.

　　"태후 마마, 속히 후계 군왕을
　　정하셔야 하지 않겠사옵니까?"

　　"국상을 마친 연후에 왕실 종친들 중에서
　　후계를 결정할 것이니 그리들 아세요."

이인임이 왕위에 올리려 한 인물은
공민왕이 신돈의 첩에게서 얻은 강녕대군 우.
하지만 태후는 우를 후계로 인정하지 않는다.

　　"전하께서 승하하시기 며칠 전 새벽에
　　소신의 집으로 거동하셔서 말씀하시기를
　　강녕군 마마의 세자 책봉을 밀어붙일 것을
　　소신의 목숨을 바쳐 도우라 하셨습니다."

왕의 유언이라는 강력한 명분.
마침내 열 살의 왕우가
이인임의 의도대로 왕위에 오른다.

이인임, 우왕을 옹립하다

최원정 　그런데 공민왕이 생전에 우왕을 후사로 삼았다는 이야기는 사실
　　　　 이에요?

최태성 　공민왕은 이미 우왕이 자기 아들이라고 인정했죠. 여러 신하에
　　　　 게 "과인이 신돈의 여종을 통해 아들을 낳았으니 잘 부탁한다."
　　　　 라고 얘기했고, 이인임에게도 "과인은 원자가 있으니 아무 걱정
　　　　 이 없다."라고 이야기해요.

류근 　　생각해 보면 그 말을 들은 사람은 결국 이인임뿐이라는 건데, 우
　　　　 왕을 왕으로 옹립하기 위해 지어낸 말 같지 않습니까?

이윤석 　그 말을 부정하기는 매우 어려웠을 거 같아요. 공민왕 시해범을
　　　　 잡은 뒤이기 때문에 이인임의 발언에 큰 무게가 실렸을 테니, 이
　　　　 인임이 말하면 그게 그냥 진실이 되어 버리는 분위기가 아니었
　　　　 을까요?

류근 　　우왕을 정말로 후사로 삼을 거였으면, 일찌감치 세자로 옹립했
　　　　 어야죠.

신병주 　기록에 따르면 어쨌든 공민왕도 우왕을 세자로 삼으려고 해요.
　　　　 근데 이때 공민왕의 어머니인 명덕태후가 우왕이 아직 나이가
　　　　 어리니 좀 더 교육한 다음에 결정하자며 강하게 반대합니다.

이익주 　아마 명덕태후에게는 우왕의 출신에 관한 의심이 계속 있었던
　　　　 것 같습니다.[†] 그런데 공민왕은 비록 우왕을 세자로 책봉하지는
　　　　 못했지만, 후계자로 키워 가는 과정은 밟아 나갑니다. 그래서 세
　　　　 자는 아니지만, 강녕부원대군이라고 하는 봉호를 주고, 백문보[1]
　　　　 등 몇 사람의 저명한 학자를 사부로 삼아 왕자 수업을 하게 합니
　　　　 다. 그리고 우왕의 어머니 쪽 신분이 석연치 않은 점을 고려해
　　　　 궁인 한씨를 우왕의 어머니로 삼습니다. 말하자면 양자처럼 만
　　　　 들어 놓은 거죠. 이런 과정을 공민왕이 살아 있을 때 다 밟아 놓

습니다.

최원정 우왕의 생모는 신돈의 첩이었던 반야잖아요.

류근 우왕이 졸지에 어머니가 두 명이 되었네요.

이익주 우왕의 탄생에 관해서는 또 다른 이야기가 있습니다. 신돈이 반
야와의 사이에서 낳은 아이를 친구에게 맡겼다는 거죠. 그런데
이 아이가 한 살 때 죽습니다. 그래서 그 친구가 신돈의 책망이
두려워 옆집에 사는 군인의 아들을 신돈의 아들이라고 보여 줬
다는 겁니다. 그래서 그 아이가 나중에 모니노가 되죠.[*]

최태성 복잡해지네요. 그 아이가 우왕이 된 거죠?

이익주 그렇죠. 이런 이야기가 『고려사』에 기록되어 있는데, 아마도 조
선 시대에 들어와 우왕의 출신을 고의적으로 폄훼하기 위한 목
적에서 만들어 낸 이야기가 아닌가 합니다.

류근 우왕이 인간적으로는 좀 안됐네요.

이윤석 방금 들은 얘기가 사실이라면 요즘 드라마도 못 따라가는 이야
기입니다. 알고 보니 옆집 애라니, 너무 복잡하게 꼬이네요.

이익주 역사에는 그 어떤 일이든 다 있습니다.

최원정 우왕이 이렇게 출생부터 뭔가 석연치 않고 정통성이 매우 취약
한데, 이인임은 왜 굳이 우왕을 왕으로 옹립했나요?

최태성 왜냐하면 지금 우왕에게는 그 뒤를 봐줄 수 있는 그 어떤 세력도
없잖아요. 어리고, 정통성 약하고, 외척이 없으니 이인임이 우왕을
밀어 자리에 올린다면 정국의 주도권을 완전히 틀어쥘 수 있죠.

류근 완전히 실세가 되는 거네요. 진짜 대단한 포석입니다.

신병주 그런데 드라마보다 더 극적으로 이야기가 전개돼요. 우왕 2년에
우왕의 생모인 반야가 궁으로 찾아옵니다. 자기가 친어머니라고
밝히죠. 근데 이미 우왕은 궁인 한씨 소생으로 되어 있잖아요.
이런 상황에서 생모가 나타나는 건 상당한 부담이죠. 그래서 결

국 이인임이 반야를 임진강에 던져 죽게 합니다.

이익주 이런 전설도 있습니다. 그때 반야가 "내 원한을 하늘이 안다면 저 문이 무너질 것이다."라고 했는데, 새로 지은 궁궐의 중문이 정말로 무너졌다는 기록이 있습니다.

류근 근데 지금 반야를 보니까, 정치와 권력 주변에 있던 여성들이 흔히 겪는 불행을 겪는 게 아닌가 싶은 생각이 들기도 해요.

신병주 반야가 이인임이라는 인물을 잘 몰랐던 거죠. 자기 아들을 왕으로 옹립했으니까 자기를 어느 정도 대접해 주지 않을까 판단했을 수도 있습니다.

이윤석 이인임은 공민왕 때부터 상당히 성공했던 사람이잖아요. 근데 왜 이렇게 사람을 죽여 가면서까지 권력에 집착한 건지 알 수 없네요.

이익주 이인임의 출신 배경을 봐야 합니다. 그러니까 이인임이 혼자만의 이익이 아니라, 자기 출신인 권문세족들의 이익을 대변했다는 점이죠. 공민왕이 신흥 사대부 출신 관료들과 손잡고 개혁 정치를 추진하자 권문세족들이 반감을 많이 품었습니다. 그런데 공민왕이 죽고 우왕이 즉위하면서 개혁의 흐름을 바꾼 거죠. 개혁의 대상이 되었던 사람들이 다시 권력을 잡는 반전의 선두에 이인임이 섰던 것으로 볼 수가 있습니다.

최태성 공민왕 때 겪었던 경험의 학습 효과도 있었습니다. 공민왕이라는 인물이 토사구팽을 자주 했거든요. 자기가 추구하는 정치적 목적을 위해서라면 정말 중용했던 신하들조차도 어느 순간에 쳐 낼 수 있는 모습을 여러 번 보여 줬죠. 그런 환경 속에서 신하들은 얼마나 조마조마했겠어요? 그래서 이인임에게 온 권력과 정국의 주도권을 왕에게 다시 넘기고 싶지 않았겠죠. 이런 이유도 분명히 존재했을 거 같아요.

류근　왕은 어리고, 충분히 있을 수 있는 얘기네요.

이윤석　그러면 우왕이 즉위하는 데 반대한 사람이나 세력은 전혀 없었나요?

이익주　많이 있었습니다. 그 당시에도 우왕의 아버지가 공민왕인지 신돈인지에 관해 많은 말이 있었거든요. 그래서 이인임이 우왕을 옹립한 것에 대한 반대가 사그라들지 않습니다. 그런데 이때 이인임을 도와 우왕의 즉위에 결정적인 역할을 하는 사람이 등장합니다. 바로 최영입니다.

> † 공민왕이 시해되자 태후와 경복흥은 종친을 왕위에 올리려 하였고, 경복흥은 태후의 뜻을 이인임에게 알렸다.
> ──『고려사』「이인임 열전」
>
> ‡ 어떤 사람이 말하기를, "처음에 반야가 임신하여 만삭이 되니, 신돈이 친구인 승려 능우의 모친 집에 가서 해산하게 했다. 능우의 모친이 길렀으나 1년도 못되어 아이가 죽어버렸다. 능우는 신돈의 책망이 두려워 죽은 아이와 생김새가 비슷한 아이를 찾았는데, 이웃집 대졸(隊卒)의 아이를 몰래 훔쳐 다른 곳에 숨겨두니 (……) 반야도 자신의 아이가 아닌 것을 알지 못했다."라고 하였다.
> ──『고려사』「신우 열전」

이인임, 최영과 손잡다

이윤석　최영이 이인임을 도왔다고요? 반전이네요.

신병주　"황금 보기를 돌같이 하라." 우리가 고려 시대라고 하면 떠올리는 긍정적인 이미지의 인물인 최영이 아주 부정적인 이미지의 인물인 이인임과 결합했다는 게 상당히 놀랍죠.

이윤석　우리가 아는 최영은 청렴과 강직, 충신의 상징인데, 이인임은 청렴하지 않고, 강직하지도 않고, 충신도 아니잖아요. 그런데 그 둘이 손을 잡았다니까 참 배신감을 느끼네요.

최태성　머릿속에서 두 사람이 진짜 잘 연결되지 않죠.

제주도 명월포 해안 목호의 난을 진압하러 온 최영의 고려군이 상륙한 지점이다.

신병주 지금도 제주도에는 말이 많잖아요. 당시에도 마찬가지인데, 원이 제주도의 말을 관리하도록 파견한 몽골인들을 목호라고 합니다. 이 목호들이 반란을 일으켜요. 그래서 최영이 제주도로 원정해 반란을 진압하고 돌아오는데, 그사이에 공민왕이 시해당하죠. 따라서 최영은 우왕의 즉위에 실제로 참여하지는 않았어요.

이윤석 그럼 최영이 우왕을 지지한 이유에는 우왕의 즉위가 무신들에게도 좀 이익이 될 것이라는 판단이 작용했을까요?

이익주 그랬을 겁니다. 무신 전체는 아니고, 최영을 비롯한 몇몇 사람의 문제인데, 공민왕 대에는 홍건적과 왜구 등으로 말미암아 여러 가지 변란이 계속되면서 무장의 역할이 커졌습니다. 그런데도 공민왕은 이들이 더는 세력을 키우지 못하게 하고, 개혁을 통해 제거하려고 했어요. 신돈이 개혁을 시행할 때 가장 먼저 한 일이 최영을 경주의 지방관으로 좌천시켜 내보낸 일입니다. 이런 상황에 관한 불만이 최영을 비롯한 무장들 사이에는 계속 있었는데, 공민왕이 시해당하고 우왕이 즉위하자 기회를 잡은 거죠. 개혁의 흐름을 중단하게 하고 그 이전으로 되돌린다는 면에서 이인임과 최영이 같은 정치적 이해관계에 있을 수가 있었던 것입니다.

이윤석 그동안 공민왕이 기득권 세력들과 부딪치면서까지 개혁을 추진했는데, 이제 와서 원점으로 돌아가는 건 아닌지 걱정이 좀 되네요.

류근 그래서 저는 이쯤에서 좀 묻고 싶은 게 있습니다. 공민왕 때 새롭게 등장하고 성장했다던 신흥 사대부는 도대체 뭘 하는 건가요? 이쯤 되면 뭔가 말이라도 해야 하는 거 아니에요?

최원정 안 그래도 신흥 사대부들이 이인임에게 반발하는 사건이 벌어졌다고 합니다.

고려 뉴스: 명 사신 피살

이광용 1374년 11월, 명으로 귀국하던 명 사신이 고려 호송관에게 살해당하는 사건이 벌어졌습니다.

이윤석 일이 커지겠는데요? 외교 문제로 비화될 수가 있는데 말이죠.

이광용 현재 범인인 호송관은 명에 쫓겨 몽골 지방으로 간 원의 잔존 세력인 북원으로 몸을 피한 상태입니다. 문제는 이 사건이 고려와 명의 관계에 미칠 영향인데, 고려 조정도 이번 사건의 충격으로 어수선한 분위기입니다. 그런데 이인임이 북원과 손을 잡자는 정말 파격적인 대책을 제시해 논란이 일고 있습니다. 공민왕이 외교 노선을 친명과 반원으로 정한 후 고려는 줄곧 북원과 거리를 둬 왔습니다. 하지만 이인임은 꿋꿋하게 북원과 접촉하려 시도합니다. 상황이 이렇다 보니, 일각에서는 이번 사건의 배후에 이인임이 연루된 것이 아니냐는 이야기까지 나오고 있습니다. 공민왕이 시해당한 사실이 명에 알려지면 그 책임이 고스란히 자기에게 돌아올까 두려워 사신을 죽여 입을 막았다는 겁니다.

이인임의 위기: 명 사신 피살 사건

이윤석   입을 막으려고 사신을 살해한다는 게 좀 무모한 거 같아요. 그냥 뇌물을 준다거나 하는 식으로 다른 방법도 있을 텐데, 사신 살해는 오히려 일을 크게 벌이는 느낌이 있어 이인임이 그렇게까지 했을까 하는 의구심이 듭니다.

류근   이인임으로서는 신흥 사대부들과 정치적 노선을 달리해 기득권을 강화하려는 속셈이 있지 않았을까요? 이 사건은 이인임이 배후이거나, 적어도 묵인 정도는 하지 않았을까 하고 생각하게 돼요.

최원정   기록에는 정확히 어떻게 나오나요?

최태성   『고려사』에는 "이인임이 사주했다."라고 나와 있어요.

최원정   그럼 역시 이인임이 사주한 건가요?

최태성   근데 문제는 이 『고려사』를 기록한 사람들이 조선을 건국한 사람들이라는 겁니다. 악역을 맡을 어떤 희생양이 필요하다는 얘기죠. 그리고 그 희생양으로서 이인임을 배후로, 즉 사주한 사람으로 기록했을 가능성이 있습니다.

이익주   실제로 이인임이 명나라 사신을 살해하도록 사주했을 가능성은 매우 낮습니다. 이인임 배후설은 이인임이 북원과의 관계를 계속 재개하려고 하니까 그것을 막기 위해 반대하는 사람들, 그러니까 신흥 사대부 쪽에서 만들어 낸 이야기일 가능성이 큽니다.

이윤석   친명파 신흥 사대부들이 무리수를 뒀을 가능성이 있다는 건데, 신흥 사대부들은 왜 그렇게 북원과 외교를 재개하는 걸 싫어했을까요?

이익주 공민왕 정책의 계승이 아니라고 생각한 거죠. 북원은 몽골족이고 명은 한족인데, 한족이 중화이니 중화에 사대하는 것이 옳다는 아주 뿌리 깊은 생각이 있습니다. 또한 지금 명과 북원이 대립하는데, 명이 승리할 것이라는 나름대로의 정세 판단이 있습니다. 따라서 패배할 북원과 외교를 계속하는 것은 위험하다는 주장인 거죠.

고려 뉴스: 이인임, 북원 사신 영접 추진

이광용 속보입니다. 이인임이 북원의 사신을 영접하려 하고 있습니다. 그런데 정도전과 몇몇 신흥 사대부가 글을 올려 북원 사신을 절대로 받아들여서는 안 된다고 주장하고 있습니다. 하지만 이인임은 오히려 정도전에게 원나라 사신을 직접 영접하라고 지시합니다. 이에 정도전은 시중 경복흥[2]을 찾아가 강력하게 항의합니다.[†] 결국 북원 사신 접대를 거부한 정도전은 나주로 귀양을 갑니다. 이렇게 반원에 앞장선 정도전은 귀양을 갔지만, 신흥 사대부들의 반발은 여전히 계속되고 있습니다. 일부 간관은 이인임이 명 사신을 죽였기 때문에 처형해야 한다는 상소까지 올렸습니다. 일파만파 커지는 명 사신 살해 사건. 과연 이인임은 이 사태를 어떻게 수습할까요?

> † 정도전은 경복흥의 집을 찾아가서 이르기를, "제가 마땅히 사신의 머리를 베어 오든지 그렇지 않으면 명에 묶어 보내겠습니다."라고 말하였다. 경복흥이 성내며 (……) 꾸짖으니 정도전이 이해득실을 자세히 늘어놓았는데 그 말이 매우 불손하였다.
> ─『고려사』「정도전 열전」

정도전 동상

이인임, 사대부들을 숙청하다

최원정 근데 정도전에게는 이 귀양이 그냥 귀양이 아니었잖아요.

신병주 그렇죠. 바로 그 유배지에서 백성들의 참상을 목격하면서 혁명
을 꼭 해야겠다는 의지를 다졌으니까요. 결과적으로 이인임이
정도전의 개혁 의지에 일조한 거였죠.

이익주 정도전이 유배를 가기 전에 염흥방³이라는 친구가 "내가 잘 말해
경복흥 시중의 화가 좀 풀렸으니 가서 용서를 구해라."라고 권합
니다. 그러자 정도전이 "내가 말하는 것이나 시중이 화내는 것이
나 모두 각자 자기 견해를 가지고 나라를 위해서 한 일이다. 그리
고 이미 왕명이 내려 유배를 가게 됐는데, 어떻게 도중에 그만두
라는 말이냐?"라고 하면서 갔죠. 서로가 자기 견해를 가지고 행

울주 대곡리 반구대 암각화 반구대는 정몽주가 유배 시절에 즐겨 찾았던 누각의 이름이다.

동했음을 알 수 있습니다.

최원정 그런데 신흥 사대부들이 저렇게까지 나오니, 이인임이 가만히 있으면 안 될 거 같은데요?

최태성 가만히 있을 리가 있겠습니까? 이인임 쪽에서도 "이건 엄청난 일이니 국문을 통해 시비를 명확히 가려야 한다."라고 주장해 우왕이 그 요구를 받아들입니다. 그래서 이인임을 공박했던 간관들을 국문합니다.

류근 이인임이 무혐의 처분을 받으면 의혹을 제기한 신흥 사대부들이 위험에 처하잖아요. 역풍을 맞을 텐데 말이죠.

신병주 실제로 역풍을 맞습니다. 그래서 그 당시에 이인임에게 반대하며 친명과 반원을 주장한 신흥 사대부들의 핵심 인물들, 대표적으로 정몽주 등이 유배를 갑니다.

최원정 이인임을 끌어내리려다가 오히려 이인임에게 정권과 권력을 고스란히 갖다 준 꼴이 돼 버렸네요. 신흥 사대부들의 친명 노선과

고려 말 동아시아의 판도

　　이인임의 친원 노선이 대립하는 형국인데, 이인임은 왜 그렇게 북원과 외교 관계를 재개하려고 했던 거예요? 이유가 뭔가요?

이익주　그 당시는 명의 세력이 빠르게 확대되는 데 반해 북쪽으로 쫓겨난 북원 세력은 아주 약해질 때입니다. 이인임도 그런 사실을 모르지는 않았습니다. 따라서 명과 사대 관계를 유지하면서 북원과도 관계를 맺겠다고 생각했던 거죠. 게다가 명에 대해서는 공민왕의 죽음과 명 사신의 죽음 등으로 고려가 난처해질 문제가 여러 가지 있었는데, 이런 문제를 북원에 접근함으로써 완화할 수 있지 않겠느냐는 생각도 했던 것으로 보입니다.

이윤석　그러면 북원과 외교를 재개하려고 했던 이인임의 선택이 그렇게 나쁘지는 않은 것 같아요. 왜냐하면 이미 명 사신이 고려 관리 손에 죽었기 때문에 명에서는 질책을 할 것이 뻔하잖아요. 이런 상황에서 앞으로는 명과 손을 잡으면서 뒤로는 북원과도 손을 잡으면 명이 고려에 함부로 압력을 행사하기는 어렵지 않겠습니까? 나름대로 현명한 선택이 아닌가 하는 생각이 듭니다.

최원정 이인임의 노선이 우리가 계속 봐 온, 여기저기에 보험을 들어 두는 고려의 실리 외교네요.

이익주 근데 문제는 이인임의 이런 양면 외교가 실효를 거둘 수 있는지입니다. 명이 움직이질 않습니다. 명은 공민왕의 죽음이 의심스럽다고 하고, 심지어는 우왕이 공민왕의 아들인지도 의심스럽다면서 고려를 계속 압박해 옵니다. 반대로 북원은 명과 싸우는 데 고려의 도움이 필요하니까 고려에 계속 우호적인 태도를 보입니다. 이런 시점에서 이인임이 결국에는 북원으로 쏠리면서 북원의 책봉을 받는 아주 중요한 사건이 벌어집니다. 이것은 실제로 명과의 관계를 단절하겠다고 선언하는 것이나 다름이 없는 행동입니다.

최원정 누가 봐도 명이 뜨는 해고 북원이 지는 해인데, 명과의 관계를 이렇게 끊어 버리는 어리석은 행동을 하는 건 좀 위험하지 않을까요?

최태성 명이 워낙 차갑게 구니까 그랬겠죠. 그래서 이때는 북원과 관계를 좋게 하는데, 시간이 지나 1377년 12월이 되면 명의 태도가 조금 풀립니다. 명에 억류되었던 고려인들을 고려에 돌려보내죠.† 그러니까 고려가 다시 북원과 거리를 두는 모습을 보이고요.

이윤석 명과 북원 양쪽의 손을 모두 잡은 채로 잘해 주는 쪽에 좀 더 기우는 거네요. 너무 이랬다가 저랬다가 왔다 갔다 하면 박쥐가 되는 결과로 이어질 수도 있는데 말이죠.

이익주 맞습니다. 이제는 명이 고려를 안 받아 줍니다. 그래서 고려가 아주 큰 어려움을 겪습니다.

류근 고려 외교를 예술의 경지에 오른 외교라고 했었는데, 이제 보니 변덕 외교가 되었네요.

신병주 결과적으로 보면 정세 판단을 잘못한 거예요. 이인임은 외교를 자기 권력을 유지하는 수단으로 썼습니다. 자기에게 어느 쪽이 유리한지만 본 거죠. 크게 보면 흔히 말하는 공적 시스템이 아니라 사적인 시스템으로 외교를 농단한 겁니다. 거기에서 문제가 발생한 거고요.

이익주 그 후로도 이인임은 자기 개인의 권력을 비롯한 여러 문제를 현상적으로 보고 단기적으로 풀어 나가는 행동을 계속해서 보입니다. 근본적이고 구조적인 문제를 보지 못하는 거죠.

류근 드라마를 보면 이인임이 "정치인의 허리와 무릎은 유연할수록 좋은 법이다."라고 말해요. 근데 그 유연성을 외교에 발휘하지 않고 임기응변식으로 정치와 정책 결정에만 발휘하고 있다는 것이 가장 큰 패착이 아닌가 싶어요.

> † 명 황제가 우리나라 사람 정언 등 358인을 돌려보냈다.
> ─『고려사』「신우 열전」 우왕 3년(1377) 12월

의외의 복병, 우왕

최원정 어쨌든 이인임으로서는 결과적으로 신흥 사대부를 몰아내 자기 세상이 되었네요.

신병주 그런데 이인임에게 어느 정도 맞설 수 있는 막강한 복병이 등장합니다. 바로 우왕입니다.

최원정 이인임을 견제하기에는 우왕은 지금 너무 어리잖아요.

신병주 우왕이 어렸지만, 여러 가지 기록을 보면 왕으로서의 면모를 확실하게 보입니다. 그중 하나가 공민왕 때 노국공주의 영전을 짓는 사업을 중지한 겁니다. 워낙 크게 일을 벌이다 보니 백성들에게 아주 무리가 되고 부담이 됐던 사업이죠. 그리고 이 당시에 왜구의 침입이 잦았는데, 왜구에게 맞서 희생된 사람들의 시체

를 매장하는 데 드는 비용도 우왕이 해결해 줍니다.† 어린 왕이지만, 신하나 백성들이 봤을 때는 의젓하고 강단이 있어 보였죠.

이윤석 　근데 이인임은 우왕이 자질을 보이는 모습을 썩 반기지 않았을 거 같아요. 왕이 자기 생각과 의지를 갖는 순간, 이인임의 입지는 점점 좁아지잖아요. '이게 어떻게 잡은 권력인데, 이러면 안 되지.'라고 생각했을 거 같아요.

> † 우왕이 도당(都堂)에 글을 내리기를, "지금 전란 때문에 고통을 겪는 데다 기근까지 겹쳤으니, 토목공사로 우리 백성에게 거듭 고통을 겪게 할 수 없다. 지금부터 전국의 건축 공사를 모두 중지하라."라고 하였다. (……) 우왕이 재상들에게 이르기를, "강화·서해의 우리 백성 중에서 적에게 죽임을 당해 버려진 시신이 매우 많으니 어찌 차마 볼 수 있겠는가? 내탕(內帑)의 재물을 내어 매장하는 비용으로 쓰라."라고 하였다.
> ─『고려사』「신우 열전」 우왕 3년(1377) 6월

우왕의 좌절

류근 　그러면 우왕이 이인임을 견제하려는 움직임을 실제로 보이긴 하나요?

이익주 　아쉽게도 그런 기록은 없습니다. 우왕이 이인임 때문에 왕권을 너무 행사하지 못하니까 결국에는 우왕의 유모가 나섭니다. 관리 가운데 몇 사람이 이인임을 제거하려고 모의하는데, 그 구심점이 된 사람이 우왕의 유모입니다. 우왕이 10대 초반이지만, 어떻게든 왕권을 강화해 보려는 의지는 계속 보였던 것이죠.

이윤석 　그런데 유모와 이인임의 대결이라니까 뭔가 너무 안 맞는 거 같은데요. 그래서 유모의 시도가 성공하나요?

신병주 　예상하시는 대로 당연히 실패하죠. 오히려 유모를 내세운 우왕이 곤경에 처합니다. 이 당시 기록에는 요즘으로 치면 국무회의에서 양부의 백관이, 그러니까 여러 신하가 나서 우왕에게 유모

장씨를 싸고돌지 말고 내놓으라고 시위해요. 근데 우왕이 어느 정도는 저항합니다. 마지막까지 유모를 지키려는 모습을 보이며 이렇게 이야기해요. "과인을 지켜 준 사람은 유모밖에 없다." 그리고 최영 정도면 자기를 도와주지 않을까 해서 최영에게 부탁합니다. 최영이 그나마 이인임을 설득할 수 있는 사람이니까요. 근데 최영은 단호히 거부합니다.[†]

이익주 그러니까 관리들이 궁궐 바깥에 도열해 유모 장씨를 내놓기 전에는 돌아가지 않겠다며 데모했던 겁니다. 장외투쟁이죠. 그래서 결국에는 우왕이 유모 장씨를 죽이도록 내어 주는 좌절을 겪습니다.

이윤석 측근이 연루된 만큼 우왕의 입지가 더 약화되었겠네요.

최태성 결국 이 사건으로 우왕의 권위는 완전히 바닥으로 떨어져 버리죠. 그러다 보니까 우왕과 최영의 사이도 껄끄러운 관계가 됩니다. 최영이 우왕을 만나 이렇게 얘기해요. "신이 불충하다고 꾸짖으시니 참으로 실망스럽습니다."

이윤석 불충하다는 꾸짖음을 받았으면 "참 죄송합니다."라고 해야 하는 것이 아닌가요?

최태성 그래서 우왕이 최영의 말에 다음과 같이 대답을 합니다. "과인이 다급하게 말하다 보니 실언했나 보오. 참으로 가슴 깊이 후회하고 있소."

신병주 왕과 신하의 역학 관계가 바뀐 거죠.

류근 신하가 오히려 왕을 꾸짖고, 왕이 사과를 하네요. 정말 실망인데요. 최영이 황금이 아니라 우왕을 돌같이 보네요.

최원정 그래서일까요. 우왕이 비뚤어졌다는 소문이 자자합니다.

† 최영은 화가 자기에게 미칠까 두려워해 휘하 군사를 거느리고 경복흥, 이인임 등과 함께 흥국사(興國寺)에 모여 무장한 병사들을 대거 늘어세워 놓은 채, 양부(兩府)의 백관과 기로(耆老)들을 소집하고 장씨를 국문하도록 요청하는 일을 의논하게 했다. (……) 신우가 한참 침묵하다가 경복흥과 목인길을 불러 들어오게 하고는 울면서 말하기를, "이 여자가 나를 길렀으니 곧 나의 어머니다. 아들이 어머니를 어찌 살리고자 하지 않겠는가? 경들이 이미 나를 임금으로 삼았는데 내가 유모 한 사람을 구할 수 없단 말인가? 그녀를 놓아 보내고 죄를 묻지 말게 하라."라고 했는데, 경복흥도 눈물을 흘렸으나 어찌할 수 없었다.

— 『고려사』, 「최영 열전」

그날 초대석: 우왕을 만나다

이광용 우왕 6년, 오늘 손님은 저희가 정말 어렵게 섭외한 분입니다. 고려 최고의 로열패밀리, 고려 제32대 왕 우왕 전하를 모시겠습니다. 바로 질문을 드리죠. 요즘 우왕 전하에 관해 여러 가지 소문이 많더라고요. 요즘 장안의 화제인데, 저희가 소셜 네트워크 서비스(SNS)에 올라온 제보를 모아 봤습니다. 읽어 드리겠습니다. "오늘 전하께서 골목길에서 닭과 개에게 활을 쏘고 계셨음. 도성의 닭과 개가 남아나지 않을 지경." "전하께서 궁전 위에서 기왓장을 던지고 있었음. 하마터면 맞을 뻔ㅜㅜ." "조금 전에 전하께서 미녀를 민가로 끌고 들어가는 것을 목격." 그 외에도 사냥을 과하게 한다는 식의 제보가 끊이지 않고 있습니다. 아니, 체통을 좀 지키셔야죠. 나이가 몇이신데 이러십니까?

우왕 나 10대야. 정확히는 1365년생.

이광용 올해가 1380년이니까 열여섯 살이네요. 아니, 그래도 어리다고 그냥 그렇게 대충 넘어갈 수 있는 성질의 일들이 아니지 않습니까?

우왕   이런 거라도 안 하면 내가 할 일이 없어.

이광용   아니, 그래도 명색이 고려 왕인데 정사를 돌봐야죠. 나랏일을 해야 하지 않습니까?

우왕   나랏일은 내가 하나? 이인임이 다 하지. 솔직히 내가 이렇게 된 것도 다 이인임 탓이라고……

이광용   그렇게 남 탓만 하면 되겠습니까?

우왕   아, 정말 답답하네. 아는 사람들은 내가 얼마나 억울한지 진짜 다 안다고. 그래, 고려라고 하면 역시 이익주 교수지. 이 교수 어디 있어? 이 교수가 나 대신 얘기 좀 해 줘.

이익주   우왕은 10대에 반항기를 거치는데, 그럴 만한 사정이 있습니다. 왕으로서 뭘 하려고만 하면 방해를 받았어요. 왕으로서 친정하겠다고 해도 이인임이 못하게 하고, 심지어는 천도까지 생각하는데 그것도 이인임의 반대에 부딪혀 못하게 되고, 학자들이 우왕을 만나는 것도 이인임이 못하게 합니다. 공부를 못 하게 하죠. 그 대신에 놀이에 쓰는 기구 같은 것들이나 사냥과 여색을 가까이 하게 해서 정사를 돌볼 틈이 없게 합니다. 그러다 보니까 10대 소년 우왕은 정말 할 일이 없었죠.

최원정   그래도 그렇지, 어떻게 변해도 이렇게 너무 변할 수가 있어요? 왕은 이러면 안 되잖아요.

신병주   10대 초반에만 해도 경전도 열심히 읽던 인물이 정말 4~5년 만에 너무 바뀌었죠. "우리 우왕이 달라"진 겁니다. 요즘 청소년들처럼 사춘기에 들어가면서 반항적인 기질이 생겨난 데다, 이인임이 워낙 모든 걸 좌지우지하니까 무기력증까지 생긴 상황이죠.

이익주   우왕은 이인임의 그늘을 벗어나지 못합니다. 기록에 의하면 심지어는 이인임을 아버지로 부르고 이인임의 처를 어머니로 불러 이인임 부부는 우왕을 데릴사위처럼 대했다고까지 합니다. 그런데 아무리 불우하다고 하더라도 왕이 그러면 안 되죠. 환경 탓만 할 일이 아닙니다. 이럴 때일수록 공부해서, 특히 역사를 공부해서 올바른 역사의식을 갖는 것이 얼마나 중요한 일인지 깨달았어야 하죠.

최원정 마음이 짠하네요. 「바보처럼 살았군요」라는 노래의 가사가 떠올라요. 이익주 교수님처럼 간언해 주는 사람이 우왕 곁에는 없었던 걸까요?

이광용 우왕 전하를 만나 스캔들 뒤에 숨은 인간적인 고뇌와 깊은 속내를 들어 봤습니다.

이인임의 국정 농단

최원정 이인임은 신하로서 어떻게 이렇게 왕을 부추길 수 있어요?

최태성 왕이 정사를 멀리하도록 부추긴 다음에 자기는 일가친척을 다 끌어모아 주요 관직에 앉히면서 국정을 농단하는 모습을 보이거든요. 한 가지 사례를 들면 재상급 자리가 원래 열두 자리밖에 없는데도 50여 자리로 확대해 거기에 자기 사람들을 앉힙니다.[†]

신병주 이인임 세력은 권력을 휘둘러 뇌물을 수수하고 다른 사람의 재산을 불법적으로, 강제적으로 뺏는 일들을 자행해요. 혹시 수정목이라는 나무 들어 봤어요? 물푸레나무예요. 이 나무가 아주 단단합니다. 야구방망이로 만들어도 되는 나무인데, 이때 이인임의 수하들이 수정목 몽둥이를 들고 다니면서 사람들에게 토지를 내놓으라며 때렸죠. 그러다 보니까 몽둥이가 국가에서 발급한 공문보다도 더 효과가 크다고 해서 수정목 공문이라는 말까지 나왔습니다. 그 당시 사람들에게는 정말 공포의 대상이 됐다는 거죠.

류근 지금 보면 개혁을 외치던 신흥 사대부들은 다 쫓겨나고, 우왕은
      왕으로서 권위와 의지를 다 잃은 상태네요. 이런 상황에서 누가
      이인임의 독주를 막을 수 있었겠어요? 참 막막하고 우울합니다.

이익주 개혁을 주장하다가 쫓겨난 신흥 사대부들은 후일을 기약합니다.
      정도전이 이성계를 찾아가 만난 것도 바로 이때의 일입니다. 개
      혁의 싹이 트고 있었던 거죠. 어쨌든 당시에 이인임의 독주를 막
      을 수 있는 사람은 최영이 거의 유일했다고 봐야 합니다. 최영은
      이인임의 집권 초기에는 그 정권을 지탱해 줬지만, 이인임의 독
      주가 워낙 심해지니까 시간이 지날수록 점점 이인임을 견제하려
      고 합니다. 어떤 때는 관직을 내놓기도 하고, 이러면 안 된다고,
      이인임을 막아야 한다고 얘기도 하지만 번번이 뜻이 꺾입니다.

> † 당시 이인임과 지윤, 임견미가 정방(政房)의 제조(提調)로서 권력을 잡고 자기
> 사람을 심어 놓으니 온 나라 사람이 좇아가 붙었다. 관리를 임명할 때는 뇌물의
> 많고 적은 것을 보고, 문안을 자주 왔는가 자주 오지 않았는가에 따라 관직을
> 주거나 내쫓았다. 관직이 혹 부족하면 무제한으로 첨설(添設)하였고, 때로는 수
> 십 일간 비목(批目)을 내리지 않고는 뇌물이 올라오기를 기다렸다. 하루에 재추
> (宰樞) 관직을 59명이나 제수하기도 하였으며, 대간(臺諫)과 장수, 수령은 모두
> 자신의 인척을 뽑았다.
> ──『고려사』「이인임 열전」

이인임·최영 연립 정권의 붕괴

최원정 근데 최영은 이인임이 훗날 이렇게까지 국정을 농단할 줄 모르
      고 이인임과 연립한 게 아닐까요? 강직한 성격이니 중간에 내심
      크게 후회했을 거라는 생각도 들어요.

이익주 그래서 결국에는 이인임과 최영이 결별합니다. 우왕 14년 1월의
      일인데, 그 전해 12월에 하나의 사건이 벌어집니다. 말하자면 연
      립 정권이라고 할 수 있는 형식으로 이인임과 권력을 분점한 사
      람이 두 명 더 있습니다. 임견미와 염흥방인데, 그중 염흥방의

조반과 그 부인의 초상 조반 부인의 초상은 그 시대 귀부인의 복식을 엿볼 수 있는 귀중한 자료다.

가노가 조반이라는 관리의 땅을 빼앗습니다.

류근 　가노라 하면 집안의 노비가 아닙니까?

이익주 　맞습니다. 노비가 관리의 땅을 뺏은 거죠. 이에 조반이 분을 못
　　　참고 가노를 죽이자, 염흥방이 자기 가노를 죽인 조반을 모반을
　　　꾀했다는 어마어마한 죄명을 씌워 죽이려고 합니다. 이 사태가
　　　우왕에게까지 알려지고, 우왕이 직접 최영의 집에 가서 이 문제
　　　를 논의합니다. 이 자리에서 이인임과 임견미, 염흥방을 제거한
　　　다는 결정이 내려지고, 전격적으로 이 세 사람을 제거하죠.

신병주 　이때도 임견미와 염흥방은 처형하는 데 반해 정작 이인임은 살
　　　려 둡니다. 그래도 한때는 그 함께 권력을 함께했던 인물이고 같
　　　은 정치 노선을 걸었기 때문인지 최영이 이인임을 살려 주죠. 경
　　　상도 경산부로 유배하는 선에서 일단은 마무리를 짓습니다.

최태성 　최영이 이인임을 살려 둔 것을 보고 백성들이 "임견미와 염흥방
　　　일당 가운데 우두머리는 그물을 벗어났다."라고 한탄하며 "정직

염제신 초상 염제신은 염흥방의 아버지로, 이 초상은 공민왕이 그렸다고 전해진다.

한 죄 공이 사사로운 정으로 늙은 도적을 살려 줬다."라고 비난 합니다.

류근   보통 재벌들에게 판결을 내릴 때 이렇게 얘기하잖습니까? "정말 로 나쁜 짓을 많이 했지만, 그동안 사회에 끼친 공이 많으니 죄 를 탕감해 주겠다." 이인임에게도 이런 논리를 적용했네요.

신병주   이인임이 죽은 후에 대세가 기울고 이른바 신흥 사대부들이 성 장하는 분위기가 되자 창왕 때 대간에서 상소를 거듭 올려 이인 임에게 벌을 다시 줘야 한다는 논의가 일어납니다. 그 논의가 이 어져 공양왕이 즉위한 후에는 죽은 사람에게 가하는 최악의 형 벌인 부관참시를 당하죠. 또한 파가저택(破家瀦澤)이라고 해서 이인임의 집을 무너뜨리고 웅덩이를 파서 연못으로 만듭니다. 사람이 살아서는 안 되는 곳이라는 선언이죠. 상당히 불명예스 러운 형벌입니다.

이윤석   참혹한 형벌을 받긴 했지만, 그렇게 바로잡히기까지는 우왕과 창왕, 공양왕이라는 세 왕을 거쳐야 했으니까 참 오래 걸렸다는 생각도 들어요.

이인임이 고려에 미친 영향

최원정 　지금까지 이인임이라는 인물을 통해 공민왕 사후에 우왕이 즉위하면서 고려의 역사가 어떤 변화를 겪었는지 살펴봤는데, 이인임의 집권과 몰락이 고려에 어떤 영향을 미쳤다고 봐야 할까요?

이익주 　이인임이 권력을 잡았을 때 고려는 이미 구조적인 문제에 직면한 상황이었습니다. 따라서 이인임은 권력을 잡은 사람으로서 역사적인 책임을 다했어야 하죠. 그런데 이인임은 그 책임을 다하지 않았습니다. 오히려 자기의 이익을 추구함으로써 고려 사회가 지닌 구조적인 문제의 해결을 방해하는 역할을 했죠. 결국에 이인임 집권기를 지나 얼마 뒤에 고려가 멸망하는데, 그 직접적인 원인은 이인임이 만든 것이라고 해도 과언이 아닙니다.

신병주 　국가를 위한 정치가 아니라 철저하게 개인의 이익을 위한 정치를 했기 때문에 이인임의 이름이 『고려사』 간신 열전에 올랐죠.

류근 　어떤 권력도 백성과 역사보다 오래 살아남을 수 없다는 말을 다시 한번 하고 싶습니다. 나라를 위한 전망 없이 오직 개인의 영달만을 위해 정치력을 발휘한 사람들을 흔히 정상(政商) 또는 모리배라고 하지 않습니까? 이인임이 그런 전형을 보여 주는 인물이라고 생각되네요.

최태성 　왕을 꼭두각시처럼 뒤에서 조정하면서 자기 잇속과 권력을 챙겨 나갔던 이인임이라는 간신이 나라를 망하게 하는 지름길로 고려를 이끌었다는 사실을 역사를 통해 배웠습니다. 자기 권력만을 지키려고 했던 최고 권력자로 말미암아 한 나라의 국운이 어떻게 쇠했는지 지켜볼 수 있었네요.

6

왜구 침공:
고려,
계엄을
선포하다

우왕 때 고려는 내우외환에 시달리고 있었다. 안으로 이인임의 권력 독점에 따른 폐해가 극에 달한 가운데 밖에서는 왜구가 창궐했던 것이다. 왜구란 일본 규슈 일대를 중심으로 삼아 주변 지역을 노략질하던 해적 집단을 가리킨다. 왜구가 한반도를 침략한 것은 삼국시대부터지만, 특히 고려 후기, 구체적으로는 1350년부터 규모와 횟수에서 다른 시기와 비교되지 않을 정도로 왜구의 침략이 극심해졌다.

왜구의 발생은 일차적으로 일본 규슈 지역의 생활환경과 밀접한 관계가 있다. 이 지역은 식량 자급이 되지 않아 주변과의 교역이 필수적이었는데, 정치적인 이유 등으로 교역이 막히면 도적으로 돌변해서 약탈 행위를 했던 것이다. 특히 고려와 인접한 쓰시마는 고려 중기까지도 정기적으로 고려와 무역했지만, 1281년에 고려와 몽골의 연합군이 일본을 침략한 이후로는 교역이 막히고 생활이 어려워졌다. 게다가 1336년부터 일본에서 내전이 일어나 남북조시대가 시작되면서 규슈와 쓰시마 같은 변방 지역에 대한 통제가 약화된 틈을 타고 왜구가 출현했던 것이다.

일본 남북조시대의 왜구는 고려뿐 아니라 중국 해안까지 출몰했다. 당시에 원도 왜구 때문에 골치를 앓았고, 공민왕을 고려국왕에 책봉한 것도 실은 동쪽에서 왜구를 방어할 수 있는 유능한 국왕이 절실했기 때문이었다. 하지만 원 간섭기에 고려의 국방력은 거의 붕괴되었으므로 왜구 방어에 많은 어려움이 따랐다. 공민왕과 우왕 때 왜구는 많으면 1만 명을 헤아렸고, 기병을 앞세워 내륙 깊숙이 들어왔다. 개경 근처까지 왜구가 접근해 와 개경에 계엄을 내렸을 정도이고, 왜구를 피해 내륙으로 수도를 옮기자는 주장이 제기되기도 했다.

왜구로 인해 백성들이 입은 피해는 이루 말하기조차 어렵다. 수많은 사람이 죽임을 당하거나 잡혀 갔으며, 부녀자와 어린 아이들조차 야만적 행위의 희생자가 되었다. 문화재도 약탈과 파괴를 면치 못했고, 조세 운송이 끊어져 국가 재정이 위협받기도 했다. 고려 조정은 섬에 사는 사람들을 육지로 이주시키고 섬을 비우는가 하면, 연해안의 성을 수리하고 수군을 강화하는 등 방어 대책을 서둘렀다. 또한 왜구 문제를 외교적으로 해결하기 위해 일본에 사신을 보내 왜구를 막아 달라고 요구했고, 그에 호응해 일본 군대가 고려에 파견되어 왜구와 전투를 벌인 일도 있었다.

하지만 결국에는 군사력을 강화해 왜구를 격퇴할 수밖에 없었다. 군사 제도를 정비하고 군비를 확충할 여유는 없었으므로 임시방편을 마련했는데, 군공을 세운 사람들에게 주는 임시 관직(첨설직)을 설치하고, 도별로 군사 지휘관을 임명해 군사를 징집하는 권한과 첨설직을 줄 수 있는 권한을 주었다. 이렇게 해서 각 도의 원수(元帥)와 군인들 사이에 사적 관계가 맺어져 마치 사병 같은 존재가 되었지만, 전투가 벌어지면 원수들이 자기 군대를 이끌고 출전하는 것이 상례가 되었다. 최영의 홍산 전투와 최무선의 진포 전투, 이성계의 황산 전투 등이 왜구를 격퇴한 전투로 유명하다.

왜구는 고려뿐 아니라 동아시아 전체에 걸친 문제였다. 왜구는 일본의 정치적 혼란과 동아시아 국제 질서의 불안 속에서 발생했기 때문이다. 따라서 원과 명이 교체된 후 명을 중심으로 하는 국제 질서가 자리를 잡아 가고, 1392년에 일본의 남북조가 통일되어 정치적 혼란을 수습하면서 왜구도 급격하게 줄기 시작했다. 물론 여기에는 쓰시마 정벌 등 고려의 적극적인 대응과 명 중심의 국제 질서에 고려가 편입한 것도 일조했다.

왜구는 일본인 해적이지만, 그 자체가 일본은 아니었다. 왜구를 일본과 동일시하는 오해는 오늘날까지도 바로잡히지 않은 것으로 보인다. 하지만 그러한 오해는 일본의 실체를 정확하게 파악하기 어렵게 하고, 그러한 실수가 임진왜란까지 이어졌던 것은 아닌지 생각해 볼 필요가 있다.

교동 읍성 조선 인조 때 축조한 성이다. 교동도는 강화도와 함께 수도로 향하는 길목에 있는 요충지다.

고려 뉴스 속보: 왜구, 교동도까지 침입하다

이광용　뉴스 속보를 말씀드리겠습니다. 1358년 5월 14일, 개경 지역
　　　　에 계엄이 선포됐습니다. 왜구가 강화도 근처 교동도까지 침
　　　　략해 마을을 불태우고 재물을 약탈하고 있습니다. 왜구가 개
　　　　경 코앞까지 도달했습니다. 개경 주민들은 가급적 외출을 삼
　　　　가고, 안전한 도성 안에 계시기 바랍니다.

왜구 침공! 계엄 선포

최원정　왜구의 침략으로 계엄령이 선포되었네요. 계엄이라고 하면 특히
　　　　연세 좀 있으신 분은 가슴이 철렁하시지 않나요?

류근　　그런데 계엄이라는 게 전쟁이나 사변 같은 국가비상사태 때 선

포되는 거잖아요. 군이 행정권과 사법권을 갖고 헌법에 보장된 국민의 기본권마저 제한할 수 있는 중차대한 명령인데, 그 당시에 왜구의 침략 상황이 계엄령을 선포할 만큼 심각했나요.

이익주 1358년 5월 14일 말고도 그 전해인 1357년, 그리고 1360년과 1363년 등에도 여러 차례 개경에 계엄이 선포됩니다. 그런데 고려 시대의 계엄은 요즘의 계엄령과는 의미가 좀 다르죠. 문자 그대로 경계를 엄히 한다는 뜻입니다. 왜구가 개경 가까이 왔을 때 수비를 강화한다는 정도지요. 요즘의 계엄령처럼 모든 정치 행위가 중단되고 군이 권력을 장악하는 개념은 아닙니다. 그래도 개경의 수비를 강화해야 할 정도로 왜구들이 가까이 왔다는 건 분명한 사실입니다. 실제로 강화도와 교동, 그리고 예성강을 거슬러 올라와 개경 근처까지도 왜구가 들어온 적이 있습니다.

왜구란?

이해영 그렇군요. 근데 지금 왜구라고 계속 초반부터 언급하는데, '왜(倭)'라는 말은 사실 아주 익숙하잖아요. 때로는 일본에 대한 멸칭으로 쓰이기도 하고, 일본을 그냥 지칭하는 말로 쓰이기도 하고요. 근데 '왜'는 알겠는데, '구'는 뭡니까?

최태성 '구(寇)' 자는 "도적질하다."라는 뜻이죠. 예를 들어 '왜구경주'라고 하면 "왜가 경주를 도적질했다."라는 표현이거든요. 근데 시간이 흘러가면서 왜구라는 말이 명사화해서 그냥 '왜인들로 구성된 도적 집단'이 된 거죠.

신병주 교과서에도 '고려 말 왜구의 침입'이라는 제목으로 나오니까, 왜구라고 하면 일본의 정규군으로 생각하는 사람도 많아요. 그런데 '왜'는 일본을 가리키고, 방금 지적했듯이 '구'는 도적 구 자이니까, 일본인으로 구성된 도적 집단으로 봐야 더 정확하죠.

아덴만 아라비아반도의 예멘과 동아프리카의 소말리아 사이에 있는 만이다.

© NASA

왜구가 침입한 이유

최원정　우리도 최근에 아덴만에 나타나는 소말리아 해적을 가리켜 소말
　　　　리아 군대로는 부르지 않잖아요. 근데 왜구가 고려에 왜 나타난
　　　　건가요?

최태성　간단하죠. 경제적인 이유죠. 약탈입니다. 그 출몰 양상을 보면,
　　　　규슈와 쓰시마(대마도)를 넘어 한반도로 와서 미곡을 나르는 조
　　　　운선을 약탈하거나, 곡식을 쌓아 놓는 조창을 약탈하는 식으로
　　　　식량을 약탈해 가는 모습들을 보입니다.

이해영　약탈을 할라 치면 일본에도 재산과 식량은 분명히 있을 텐데, 왜
　　　　이렇게 구태여 아득바득 배 타고 고려까지 와서 약탈하는 거래
　　　　요? 약탈한 식량의 반 이상을 일본으로 돌아가면서 노 젓다가 먹
　　　　지 않을까요?

류근　　생각해 보니까 왜구로서는 나름대로 해외 원정인데, 배보다 배

부산 동백섬에서 바라본 쓰시마

꼽이 큰 게 아닌가 싶기도 해요. 와서 가져가는 것보다 배를 움직이는 비용이 훨씬 더 많이 들었을 거 같아요.

최원정 그러게요. 바다에서 난파될 수도 있고, 위험부담이 아주 큰 행위인데 말이죠.

이익주 왜구들의 근거지가 주로 쓰시마인데, 쓰시마에서 거리를 재 보면 일본 본토보다 경상남도 해안이 더 가깝습니다. 그러다 보니까 쓰시마에 본거지를 둔 해적들, 즉 왜구가 일본 본토로 가지 않고 우리나라 쪽으로 왔던 것이죠. 원래 쓰시마는 농토가 적어 자급자족이 어려웠습니다. 그래서 고려에서 식량을 사 가는 무역을 하는 상황이 계속됐는데, 고려와 몽골의 연합군이 일본을 공격한 이후로 고려와 쓰시마의 무역이 중단됩니다. 그러자 쓰시마 사람들이 어쩔 수 없이 일본 본토에서 식량을 조달받다가 고려의 방비가 약해진 틈을 타 고려로 쳐들어온 것이죠.

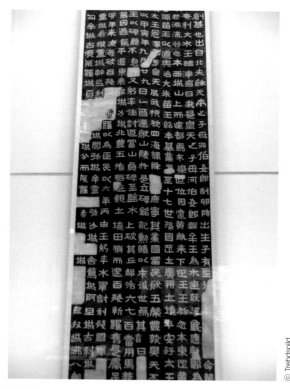

광개토왕릉비의 탁본

왜구의 침입 역사와 규모

신병주 지리적으로도 가깝다 보니까 왜구의 역사는 상당히 오래되었습니다. 특히 우리 문헌상으로 나타나는 것만 해도 삼국시대의 기록부터 본격적으로 등장합니다. 대표적인 게 5세기에 세워진 광개토왕릉비의 비문에 나오죠. 비문에 의거하면, "왕의 군대가 적의 길을 끊고 막아 좌우에서 사방으로 공격하니 왜구가 모두 궤멸하였다."라고 되어 있어요. 그리고 잘 아시는, 신라의 삼국 통일을 완성한 문무왕에 관한 기록을 보면 문무왕이 사망할 때 유

문무왕릉 작은 바위섬으로, 대왕암으로도 불린다.

언으로 "내가 죽으면 나의 유골을 동해 바다에 뿌려라. 그러면
내가 동해의 용이 돼서 왜구의 침입을 막겠다."라고 나오죠.[†] 그
래서 그때 만든 게 바로 해중릉인 대왕암입니다. 왜구의 침입을
죽어서까지도 막겠다는 문무왕의 의지가 보이는 곳이죠.

최원정　삼국시대부터 출몰할 정도라면 그때 백성들은 왜구가 지긋지긋
했겠어요.

최태성　그렇죠. 그런데 삼국시대부터 드문드문 나타났던 왜구가 14세기
인 고려 말이 되면, 특히 1350년 경인년을 기점으로 아주 집중적
으로 많이 나타납니다. 왜구가 침략했다는 기록만 놓고 봤을 때
1350년부터 40년간의 기록을 보면 빼곡합니다. 500여 회의 침략
이 있어요. 한 번 침략할 때 적게는 20척에서 많게는 500척 정도
의 배가 들어왔다고 해요. 엄청나죠? 근데 배 한 척에 스무 명 정

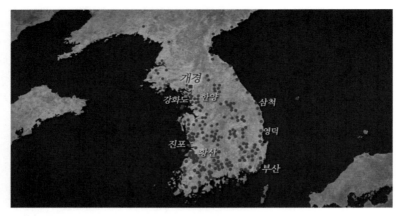

왜구의 출몰 지역

도가 탄다고 하거든요. 그러면 500척은 만 명이에요. 만 명이 떼로 들어오니까, 그 규모가 상상을 초월하죠.

신병주   시기로 보더라도 40년간 500회면 1년에 연평균 12회에서 13회 정도이니까, 한 달에 거의 한 번꼴로 온다는 거예요.

> † 대왕이 나라를 다스린 지 21년 만인 영륭(永隆) 2년(681) 신사(辛巳)에 붕어하니, 유언에 따라 동해 바다 가운데에 있는 큰 바위에 장사 지냈다. 왕이 평소에 지의법사에게 이르기를 "짐은 죽은 뒤에 나라를 지키는 큰 용이 되어 불법을 받들고 나라를 수호하고자 한다."라고 하였다.
> ― 『삼국유사』 「기이」 문무왕 법민

14세기에 왜구가 기승을 부린 이유

류근   좀 충격인 게, 그냥 하찮은 생계형 도적 떼인 줄 알았는데, 따지고 보니까 사단급 병력이 쳐들어온 거네요. 근데 왜 그 시기에 왜구가 그렇게 갑자기 기승을 부리는 건가요?

이익주   이 시기에 일본 본토의 정세가 아주 불안해집니다. 일본의 왕이 두 명이 되면서 남북조시대가 열려 남조와 북조가 계속 전쟁을 벌였어요. 이 전쟁이 계속되는 가운데 변방에 대한 통제권을 잃

모가디슈 시내의 반군 소말리아 내전은 인근 바다의 안전에도 영향을 미치고 있다.

으면서 변방에 살던 사람들이 전쟁 때문에 살기가 어려워져 도 적이 되는 일이 생기죠. 이런 영향이 일반 농민들뿐 아니라 하급 무사와 중소 영주에게까지 파급되어 각계각층에서 왜구가 되는 사람이 속출합니다.

최태성 앞서 말씀하신 것처럼 당시 왜구의 본거지라고 할 수 있는 쓰시 마는 곡식이 잘 나지 않는 매우 척박한 곳이었거든요. 당시 쓰시 마 백성들의 삶에 관한 기록을 보면 "자식을 기를 수가 없어 자 식을 낳으면 바다에 던지기도 한다."라는 내용이 있을 정도니까, 얼마나 그 삶이 비참했는지 알 수 있죠.

류근 아까 아프리카의 소말리아 해적을 잠깐 언급했었잖아요. 거기도 1990년대 초반에 소말리아 내전이 시작되면서 비로소 해적이 나 타나기 시작한 건데, 그래서 지금까지도 그 근방을 지나는 상선

들이 피해를 보는 거 아닙니까? 어느 시대, 어느 나라에서나 전쟁이 일어나면 그 전쟁과 상관없이 피해를 보는 사람들이 꼭 나타나기 마련이라는 거죠.

이해영 그러게 말입니다. 쓰시마섬이 척박한 땅이라는 건 유감스러운 일입니다만, 그것 때문에 우리 고려 백성들이 왜 이렇게 침탈당해야 하는지 의문이 들고요. 그 피해 규모가 어느 정도인지도 궁금합니다.

최원정 왜구로 말미암은 피해 상황과 그 침략 양상을 왜구 침공 상황실을 통해 알아보겠습니다.

왜구 침공 상황실: 왜구의 횡포와 만행

이광용 1350년부터 본격화된 왜구의 횡포가 점점 더 심해지고 있습니다. 그 때문에 왜구로 인한 피해 신고도 잇따르는데, 한 제보자와 전화를 연결해 보겠습니다. 여보세요. 말씀하십시오.

제보자 1 여보세요. 네, 왜구 때문에 정말 못살겠어요. 제 고향이 남해안의 작은 섬인데, 왜구가 시도 때도 없이 나타나 집에 불 지르고 물건을 약탈하고 사람 잡아가고 난리가 났어요.

이광용 아, 마을 주민들 피해가 아주 많은 거 같은데, 어떻게 대응하고 계십니까?

제보자 1 저는 겨우 피해 섬에서 빠져나오긴 했는데, 관에서 지금 섬사람들을 다 육지로 이주하게 한다니† 이런 상황에서 언제 고향으로 돌아갈지도 모르겠어요. 아, 왜구들 때문에 내 고향이 지척인데 가지도 못하니, 정말 분통하고 원통하고 애통합니다.

이광용 왜구 때문에 삶의 터전을 잃고 타지에서 생활하는 남해현 백성의 제보였습니다. 그럼 다음 전화 받아 보겠습니다. 여보세요.

제보자 2   여보세요. 저희 동네에 왜구가 들이닥쳤어요. 저는 간신히 도
　　　　 망을 나왔는데, 왜구가 옆집 최씨 부인을 겁탈하려고 했어요.
　　　　 그래서 최씨 부인은 차라리 의롭게 죽을 것이라면서 저항하
　　　　 다가 결국 왜구에게 살해를……. 근데 그 집 아기가 엄마가 죽
　　　　 은지도 모르고 시신 곁으로 기어가 젖을 빨았는데, 피가 줄줄
　　　　 흘러 입에 들어가고, 결국 아기마저 죽고 말았어요.‡

이광용   네, 그 외에도 지금까지 들어온 제보를 종합해 보면 왜구가 곡
　　　　 식을 약탈해 가는 건 기본이고, 남자를 납치해 가고, 부녀자를
　　　　 겁탈하는 일이 부지기수입니다. 그뿐만 아니라 왜구에 저항
　　　　 하다 살해되는 사람이 속속 생기고 있습니다. 왜구의 만행이
　　　　 갈수록 극한으로 치닫고 있습니다.

류근　　 정말 끔찍하네요. 만행도 그냥 만행이 아니네요. 이 정도면 단
　　　　 순한 도적이 아니라 파렴치한 살인마와 강도떼에 가까운 거
　　　　 아닙니까?

이해영   그러게요. 듣다 보니까 피해가 생각보다 아주 심각하고, 화가
　　　　 너무 많이 나는데, 진짜 이대로 계속 당해야만 하는 겁니까?

이광용   정말 안타깝게도 왜구 침공에 고려가 마땅한 대책을 아직은
　　　　 찾지 못하는 상황입니다.

---

† 남해현(南海縣)은 본래 바다에 있는 섬으로, (……) 공민왕 7년(1358)에 왜구
로 인하여 땅을 잃고 진주의 관할인 대야천부곡에 임시로 터를 잡았다.
—『고려사』「지리지」남해현

‡ 우왕 5년(1378)에 왜구가 진주를 노략질했다. (……) 최씨가 나무를 부둥켜안
고 저항하며 (적들을) 꾸짖어 말하기를, "죽기는 마찬가지다. 욕을 당하고 사느
니 차라리 의롭게 죽을 것이다."라고 했다. 꾸짖음이 그치지 않으니 적들은 결
국 최씨를 죽이고 두 아들을 잡아갔다. 아들 정습은 여섯 살이었는데 시신 곁
에서 울부짖었고, 젖먹이 아들은 (어머니가 죽은 줄도 모르고) 기어가 젖을 빨다
가 피가 입으로 줄줄 흘러들어 가 죽고 말았다.
—『고려사』「정만의 처 최씨 열전」

삼강행실도에 나타난 왜구의 모습

왜구 침입에 따른 피해 상황

최원정　왜구로 인한 피해 상황이 차마 입에 담지 못할 정도로 참혹합니다.

신병주　「삼강행실도」에 나타난 그림들은 그 당시에 왜구의 피해가 얼마
　　　나 컸는지를 보여 줍니다. 세 자매가 왜구의 겁탈을 피해 투신자
　　　살하는 장면이 묘사되어 있고, 아버지를 해치려는 왜구에게 저
　　　항하다가 그 아들이 죽는 비참한 장면도 묘사되어 있죠. 당시에
　　　왜구의 피해가 얼마나 컸는지를 잘 증언하고 있습니다.

이익주　또 한 가지, 지금에 와서 안타까운 일은 아주 많은 문화재가 이
　　　때 약탈되었다는 점입니다. 『고려사』의 기록에 문화재 약탈에
　　　관한 이야기들이 있습니다. 1357년 9월에 승천부에 있는 흥천사
　　　라는 절에 있었던 충선왕의 어진, 즉 초상화가 왜구에게 약탈되
　　　었다는 기록이 있고, 1365년에는 왜구가 예성강 하구까지 올라
　　　와 창릉이라는 왕릉을 약탈합니다. 이런 기록으로 봐서는 그 당
　　　시에 왜구가 약탈해 간 우리 문화재가 상당수 있었다고 짐작할
　　　수 있죠. 특히 쓰시마에는 수많은 고려 문화재가 있는데, 언제
　　　쓰시마로 갔는지 그 시기가 밝혀지지 않았지만, 그 가운데 상당
　　　수가 이때 왜구에 의해 약탈되었을 가능성이 크다고 보입니다.

최태성　이윤석 씨와 함께 규슈를 다녀왔어요. 근데 거기에 「수월관음

수월관음도 일본 가가미 신사에서 소장 중이다.

도」라고 고려 불화가 있다고 하더라고요. 정말 세계적인 작품인
데, 보여 주지는 않더라고요. 우리나라 사람들이 돌려 달라고 할
까 봐 그러는 거죠.

류근　있다는 소문만 내고 안 보여 주는군요. 우리나라로 돌아오지 못
한 문화재가 공식적으로만 16만 7000여 점이라고 하는데, 일본
에만 지금 7만여 점이 있는 걸로 알려져 있거든요. 근데 환수하
기가 참 어렵잖아요. 100년 걸려서 겨우 하나 받아 오는 식인데,

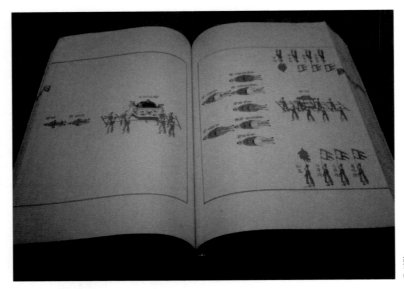

순원왕후신정왕후존숭도감의궤 외규장각 도서 중 일부다.

© 가름

심지어 그 형식이 돌려받는 게 아니라 빌려 오는 겁니다.

신병주   최근에 145년 만에 돌아온 외규장각 의궤도 소유권이 완전히 반
환된 게 아니라, 5년마다 갱신하는 대여 방식으로 돌아왔죠.

이익주   그런데 그 당시에 고려는 정말 엎친 데 덮친 상황이었습니다.
1350년 이후 고려에 어떤 일이 일어났는지 살펴보면, 1356년에
공민왕의 반원 운동이 일어나 원과 싸워야 했고, 얼마 뒤에는 두
차례에 걸친 홍건적의 침략이 있었습니다. 그래서 공민왕이 개
경을 버리고 안동까지 피난하는 사태가 벌어졌죠. 그다음에는
동북면 지역에서 여진족의 침략이 있었고, 기황후가 덕흥군을
앞세워 공민왕을 폐위하고자 1만의 군대로 고려로 쳐들어온 것
등이 전부 왜구가 남해안과 서해안을 공격해 오던 시점에 동시
에 일어난 일들입니다. 그러다 보니까 고려가 왜구 방어에 집중
할 수 없는 상황이 되었죠.

신병주 이 당시에 원도 한족에 의해 상당히 압박을 받고 있었기 때문에, 자기들 영역에 왜구가 나타나도 거의 방치해 버립니다. 그런 식으로 고려도 원도 제대로 통제하지 못하니까 왜구들이 조직화하면서 세력이 강성해지는 악순환이 계속되죠.

왜구 침입에 대한 고려의 대응

최태성 하지만 고려가 아예 아무것도 안 한 건 아닙니다. 토벌 작전을 계속 진행하면서 나름대로 군사 체제를 강화하려는 모습을 보이죠. 원 간섭기에 유명무실화한 지방군을 다시 정비해 진수군[1]을 재건해 놓습니다. 그다음에 선군(船軍)이라 해서 수군을 재건해 섬이나 해안 지역에 사는 배를 잘 모는 사람들을 합류하게 함으로써 해군력을 강화하는 모습도 보이고요. 또한 도순문사[2]를 각 도에 파견해 각 도를 지키면서 왜구를 방비할 나름대로의 대응책을 많이 만드는 상황입니다.

이익주 그리고 좀 놀라운 사실은 이렇게 방어 태세를 강화하는 동시에 일본 조정과 직접 접촉하려고 시도합니다. 일본에 사신을 파견해 왜구를 금지하라고 요구하죠. 앞서 1281년에 고려와 몽골이 일본을 공격한 이후로 외교가 단절되어 있었는데, 90년 만에 왜구 문제를 계기로 고려와 일본 간의 공식적인 외교 관계가 재개된 것이죠. 여러 번에 걸쳐 고려 사신이 일본에 파견 되는데, 그 가운데 정말 유명한, 이름을 대면 누구나 아는 사람이 한 사람 포함돼 있습니다. 바로 정몽주입니다. 정몽주는 이인임의 외교 정책에 반대하다가 언양으로 유배를 갔었는데, 유배에서 풀려나자마자 바로 일본에 사신으로 갑니다. 이 어려운 시기에 일본에 사신으로 간다는 것은 상당히 위험해 목숨을 걸고 갔다고 할 수 있습니다. 그런데도 그 당시에 정몽주는 전혀 어려운 기색을 보

아시카가 요시미쓰 무로마치 막부의 제3대 쇼군. 규슈에 사신으로 간 정몽주는 요시미쓰가 임명한 규슈 단다이 이마가와 사다요를 만났다.

이지 않고 일본으로 갔다고 기록돼 있어요.

류근 　정몽주가 정말 고려의 충신인 건 맞네요.

신병주 　물론 충신인 것도 맞지만, 외교 전문가로서 정몽주의 면모도 기억해야 해요. 이때 정몽주가 일본에 갔을 때 일본 승려들에게 시를 지어 주었는데, 그 시가 워낙 좋으니까 승려들이 줄을 설 정도였다고 합니다. "고려에도 이렇게 뛰어난 문장가가 있구나." 하고 고려판 한류 열풍을 일으킨 거죠. 사실 일본에서도 왜구는 골칫거리였어요. 그래서 정몽주를 상당히 후하게 대접했죠. 그리고 정몽주가 그 당시 왜구의 우두머리에게 써서 보낸 글을 보고 왜구의 우두머리가 감동해 포로 100명을 돌려보냈다는 이야기도 있어요.

이익주 당시에 고려 사신은 규슈에 가서 일본의 남조와 북조 두 개의 조정 가운데 북조와 연결됩니다. 무로마치 막부는 고려 사신들에게 "왜구는 우리 소행이 아니다. 우리의 서남쪽에 사는 완악한 어민들이 일을 벌이는 것으로 우리에게도 골칫거리다."라고 해명하면서 자기들도 왜구를 토벌하겠다고 약속합니다. 그래서 두 차례에 걸쳐 일본군이 고려에 와서 왜구와 싸운 적도 있습니다. 우왕 5년에는 일본군 186명이 고려에 오는데, 일본군의 고려 파병은 역사상 처음 있는 일이죠. 이를 통해 일본과 왜구는 분명히 다르다는 사실을 고려에 확인하게 해 주는데, 결국에는 막부도 왜구 금압에 실패합니다. 이런 과정을 보면서 고려는 외교적 노력을 포기하고 좀 더 본격적으로 왜구 토벌전을 벌입니다.

최영이 홍산에서 용맹을 떨치다

1376년 7월, 왜구를 토벌하기 위해
최영이 홍산으로 출정한다.

이때 왜구는 삼면이 절벽이고
길이 단 하나뿐인 곳에 진을 쳐서
험준한 지형을 무기로 고려군을 위협한다.

기세에 눌린 고려 장수들이 공격하지 못하자,
최영이 앞장서서 용맹하게 돌진한다.

마침내 고려군은 승기를 잡고
왜구를 크게 무찌른다!

홍산대첩: 최영의 활약

최원정 왜구에게 당하기만 했는데, 우리가 아는 그 최영 덕택에 제대로
       토벌전이 이루어졌어요.

최태성 1376년에 왜구가 부여를 거쳐 공주를 함락하고 논산까지 뻗어
       나왔거든요. 이 과정에서 고려는 양광도 원수 박인계가 전사하
       는 등 피해가 아주 컸어요. 이 소식을 들은 최영이 자기가 출정
       하겠다고 이야기하죠. 이때 최영의 나이가 61세입니다. 고려 시
       대에 환갑이면 진짜 노인이거든요. 그러니까 우왕과 여러 장수
       가 나이도 있는데 직접 출정하는 건 과하다며 말립니다. 하지만
       최영이 거듭 자기가 출정하겠다며 요청했고, 허락이 떨어지자
       잠도 자지 않고 싸우러 떠납니다.

신병주 이 홍산대첩에서 최영이 부상을 당해요. 왜구가 쏜 화살에 최영
       이 입술을 맞거든요. 근데 이때 기록을 보면, 태연하게 활시위를
       당겨 적을 쓰러뜨리고는 입술에 꽂힌 화살을 뽑습니다. 최영의
       용맹함이 두드러지는 장면이죠. 실제로 기록을 보면 최영이 돌
       진하니 적이 바람에 쓰러지는 풀 같았다고 해요. 그래서 그 당시
       에 왜구들이 가장 두려워할 사람은 오로지 백발의 최 만호라고
       했답니다.

최원정 최영이 홍산대첩에서 승전보를 알려 왔는데, 이후에 왜구의 양
       상은 어땠는지 다시 왜구 침공 상황실 연결해 보겠습니다.

왜구 침공 상황실: 침입 양상의 변화

이광용 최영이 홍산대첩을 이끌며 고려에 아주 큰 승리를 안겨 줬습
       니다. 이 전투 어떻게 보십니까?

박금수 약간 고전하긴 했지만, 백전노장 최영이 부대를 잘 이끌어 승

리에 크게 기여했습니다. 그런데 이 전투에서 중요한 점은 이 맘때부터 왜구의 침략 양상이 변한 것을 알 수 있다는 점입니다. 초기에는 남해를 위주로 침략하고, 영역을 넓혀 서해의 교동도와 강화도까지 올라왔는데, 모두 해안 지역이죠. 그런데 이때쯤부터는 홍산을 비롯해 부여와 공주, 옥천까지 깊숙이 내륙까지 들어온 것입니다.

이광용 　왜구는 바다를 주 무대로 삼는 해적이지 않습니까? 근데 육지 전에도 자신이 있었나 봐요?

박금수 　왜구가 일단 고려 땅에 상륙하면 말을 타고 다니면서 약탈을 자행했습니다. 그러니까 이제는 단순한 해적이 아니라, 기병화된 모습을 보이는 거죠. 말을 타고 다니는 도적, 즉 마적의 모습을 띠는 것입니다.

이광용 　잠깐만요. 기병이라고요? 아니, 말은 어디서 났대요? 설마 약탈인가요?

박금수 　물론 노략질한 말도 있겠지만, 일본에서부터 배에다 말을 싣고 넘어온 것으로 보입니다. 그러니까 이제 왜구는 해안에서는 배를 타고 도망가고, 내륙에서는 말을 타고 도망가는 양동 작전을 구사할 수 있죠. 왜구가 해안과 내륙에서 동시에 들어오자 위협을 느낀 조정에서는 개경을 버리고 산악 지형으로 아주 험한 곳인 철원으로 천도하자는 논의까지 나옵니다.

이광용 　그렇군요. 정말 긴박한 상황인데요. 그런데 왜구가 왜 내륙 깊숙이까지 일부러 들어온 건지 궁금한데요.

박금수 　고려도 바보가 아닌 이상 곡식이나 물자를 운반할 때 이제는 해안가의 해로를 따라가는 조운선을 이용하기보다는 내륙의 육로를 이용하기 시작했던 것이죠. 따라서 왜구들도 곡식을 찾아 내륙으로 들어올 수밖에 없었던 것으로 보입니다.

이광용　왜구의 침략 유형까지 바뀌고 있습니다. 고려가 어떻게 맞설지 상당히 궁금합니다.

왜구의 숨은 의도?

최원정　왜구가 고려 깊숙이 파고드는 모습을 보이네요.

류근　좀 이상해요. 약탈만 할 것 같으면 그냥 조운선 따라 왔다 갔다 하면 훨씬 더 편했을 테니 굳이 개경 근처까지 접근해 위협할 이유가 없지 않나요? 혹시 고려의 수도인 개경을 함락하려는 계획이 따로 있었던 게 아닐까 하는 생각이 들기도 해요.

이해영　왜구들도 움직이다 보니까 생각했던 것보다 자기들이 강하다는 것을 스스로 깨달은 게 아닐까요? 그러면 기세를 몰아 개경까지 함락해 보자고 목표를 가질 법도 하거든요.

류근　고려가 오랜 원 간섭기를 거치면서 군사 체제가 다 붕괴되었다고 하니까, 개경을 노렸을 가능성이 충분히 있는 거 아닙니까?

이익주　왜구의 대대적인 고려 침략 가능성을 생각하시는 건데, 그 당시에 왜구가 상당히 조직화되어 있고 규모도 상당히 큰 데다 강화도나 교동도 같은 개경 근처 섬까지 침략해 왔다는 점 때문에 그렇게 보는 의견이 실제로 있습니다. 하지만 결정적인 점은 왜구가 개경을 직접 공격한 적이 없다는 사실입니다. 수도를 공격하지 않았다는 거요. 강화도까지 오면 거기서 예성강을 따라 올라가 개경으로 갈 수가 있죠. 그런데 그렇게 하지 않은 겁니다. 그래서 저는 역시 왜구의 목적은 약탈이었고, 고려를 본격적으로 공격하려는 의도를 지녔다고 보는 것은 좀 과한 해석이 아닌가 합니다.

류근　근데 정말 이해가 안 가는 것은 그냥 적당히 약탈만 해 가면 되는데, 왜 굳이 사람을 죽이고 납치해 가는 건가요? 그럴 이유가 없는 거 아닌가요? 좀 과잉인 거 아닙니까?

신병주 고려인들을 납치하면 노비로 삼아 팔 수 있기 때문이죠. 선박의 노를 젓는 역부로도 활용할 수 있고요. 그리고 고려인을 많이 납치하는 결정적인 이유 중 하나가 길잡이 역할을 맡기기 위해서입니다. 고려를 약탈하려면 고려의 지리를 잘 아는 사람이 필요하잖아요.

이익주 결과적으로는 고려 사람을 납치해 왜구로 만드는 거죠. 실제로 당시의 왜구 중에 고려 사람도 소수 포함되어 있었습니다. 최근에는 이것을 근거로 왜구가 반드시 일본 사람인 것은 아니라는 주장마저 나오는데, 역시 과도한 해석입니다.

왜구를 향해 화포가 불을 뿜다

1380년, 500척의 대선단을 이끌고
왜구가 진포로 쳐들어온다.

해안가에 배를 정박한 왜구는
마을에 불을 지르고 약탈을 자행한다.
백성의 시체가 산과 들을 덮는 참혹한 상황!

이때 고려 수군이 진포로 출격해
최무선이 제작한 화포로 왜구를 총공격한다.

뜻밖의 화포 공격에 속수무책인 왜구!
고려는 대승리를 거둔다!

진포대첩의 승리 비결: 최무선의 화포

최원정 　최무선의 화약이 바로 이 진포대첩에서 처음 등장해 큰 성과를 거뒀어요.

류근 　드디어 최무선이 등장하는군요. 영웅이 속속 등장하고 있습니다.

이해영 　정몽주와 최영, 최무선까지 연달아 나오네요.

최태성 　진포는 지금의 충남 서천과 전북 군산 사이에 있는 포구입니다. 여기에서 최무선이 처음으로 화기를 사용한 것이죠. 왜구는 기본적으로 백병전에 능합니다. 맞붙어 칼로 싸우면서 치고 빠지는 게릴라 전술을 많이 쓰죠.

이해영 　그럼 왜구는 자기들의 장기를 발휘해 고려군에 가까이 다가가서 싸우려고 했겠네요.

최태성 　그렇죠. 거꾸로 고려군은 왜구가 가까이 다가오기 전에 물리쳐야 합니다. 가까이 못 오게 하면서 먼 거리에서 싸움을 끝내야 하는 거죠. 그때 이 화기와 화약이 가장 좋은 무기로 활용되는 거고요.

신병주 　최무선이 왜구를 효과적으로 제압하기 위해서는 화약 무기가 필요하다고 판단해 명에 화약을 요청해요. 그런데 명이 재료만 보내 주고 완성된 화약은 주지 않으니까 최무선이 직접 화약 제조에 나섭니다. 그리고 여러 차례 실패를 거듭한 끝에 결국 요즘 표현으로 하면 화약을 국산화하는 데 성공하죠.

이익주 　원나라의 화약 제조 기술자가 고려로 들어와 최무선과 같은 동네에 살았습니다. 그래서 최무선이 그 사람과 평소에 친하게 지내다가 몰래 그 비법을 전수받았다고 합니다.† 화약 무기의 발명은 중국에서는 원나라 때 있었던 일인데, 이때 최무선의 개인적인 노력으로 국산화가 된 거죠.

최원정 　진포대첩의 승리 규모는 어느 정도였어요?

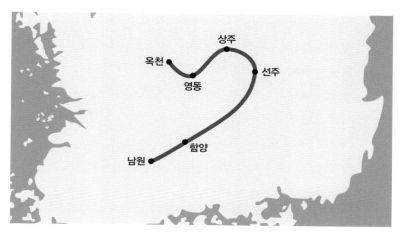
내륙으로 이동하는 왜구

이익주   기록에 의하면 왜선 500척이 진포에 정박해 있었습니다. 왜구들은 육지로 노략질하러 간 거죠. 이 상태에서 최무선과 나세, 심덕부, 이 세 사람이 지휘하는 고려선 100척이 왜선 500척을 전부 불태웁니다. 이때 진포에 있던 왜구들이 도망을 쳐서 내륙으로 갔다고 합니다. 옥천과 영동을 거쳐 내륙 지방으로 가서 먼저 와 있던 왜구들과 합류하죠. 부대 규모가 오히려 커진 겁니다. 그래서 황간과 상주, 선주, 함양을 거쳐 남원으로 흘러들어 갑니다.

최태성   『고려사』에 의하면 이때 정말 참혹한 기록이 있습니다. "왜적이 두세 살 된 여자아이를 잡아 머리를 깎고 배를 갈라 씻은 다음 쌀과 술을 같이 차려 놓고 하늘에 제사를 지냈다. 제사가 끝나자 쌀을 나누어 먹고 술 석 잔을 마신 다음에 아이를 불태웠는데, 창 자루가 갑자기 부러졌다."

류근   무슨 말이에요? 왜구들이 아이를 제물로 바쳐 인신 공양을 했다는 겁니까?

이익주   그런 거죠. 이게 고려로 쳐들어온 왜구들뿐 아니라, 그 당시에 일본에서 왜구들이 제례를 지내고 점을 치는 의식으로 행하던 겁니다. 이 기록도 보면 마지막에 창 자루가 갑자기 부러지니까 불길한 점괘라고 해서 왜구들이 한 차례 후퇴합니다.

류근 야만도 이런 야만이 없네요. 치가 떨리네요.

최태성 이때 도망가던 왜구를 추격하다가 고려 측에서 원수 두 명이, 그다음에 500여 명이 전사하는 일도 있었습니다.

이해영 뭔가 진포대첩으로 승기를 잡은 줄 알았는데, 위기가 바로 또다시 오네요.

> † 화통도감(火㷁都監)을 설치했다. (……) 최무선이 원의 염초(焰硝) 기술자인 이원과 같은 마을에 살았는데, 잘 대우하여 몰래 그 기술을 묻고 가동 몇 명으로 하여금 익혀 시험해 본 후 마침내 왕에게 건의하여 설치한 것이다.
> ―『고려사』「신우 열전」 우왕 3년(1377) 10월

왜구 침공 상황실: 황산대첩, 이성계의 등장

이광용 진포대첩에서 도망친 왜구를 고려군이 맹렬하게 추격하고 있습니다. 박금수 박사님, 지금 어떤 상황인가요?

박금수 달아난 왜구는 지리산 남원 근처에 있는 인월이라는 지역으로 이동해 주둔했습니다. 그리고 이성계가 이끄는 고려군은 황산의 서북쪽 길을 통해 왜구를 치러 인월로 이동하는 상황이에요.

이광용 인월 쪽에 주둔하는 왜구를 토벌할 가능성이 어느 정도나 될까요?

박금수 일단 토벌대장으로 무예와 지략이 뛰어난 이성계가 임명됐기 때문에 희망을 걸어 봅니다. 이렇게 어려운 전투에서는 적장, 그러니까 지휘관 한 사람만 무력화하는 것이 가장 효과적인

데, 이때 왜구의 대장은 아지발도라는 사람입니다. 아지발도
란 아기라는 말에 용사라는 뜻의 몽골어 '바투'가 합쳐진 이
름으로, 아기 용사라는 뜻이에요. 이 아지발도는 16세에 불과
했거든요.

이광용 　잠깐만요. 몇 살이라고요? 열여섯 살? 61세가 아니고요? 어려
도 너무 어린데요. 요즘으로 따지면 중학생이잖아요.

박금수 　하지만 매우 용맹했다고 합니다.

이광용 　아, 말씀드리는 순간 이성계 장군이 *끄*는 고려군과 아지발도
가 이끄는 왜구가 대치해 전투가 시작됐습니다.

박금수 　왜구는 백병전에 매우 능합니다. 그러니 일대일 싸움에 주의
해야겠습니다.

이광용 　아, 고려군이 초반에 좀 고전하는 모습인데요. 특히 흰말을 타
고 빨간색 갑옷을 입고 한 치의 흐트러짐 없이 능수능란하게
창을 휘두르는 저 왜구 장수의 기세가 무섭습니다.

박금수 　네, 그렇습니다. 저 장수가 바로 아지발도입니다. 고려군, 주
의해야겠습니다. 당하고 있는데요.

이광용 　네, 왜구가 만만치 않습니다. 아지발도는 역시 소문 그대로군
요. 전투가 계속되는 사이에 어느덧 밤이 됐습니다.

박금수 　이제는 뭔가 승패를 결정지을 결정적이고 강력한 승부수가
필요해 보이는데요.

이광용 　고려군이 적장 아지발도를 쓰러뜨리기 위해 계속 활을 쏘고
있습니다.

박금수 　그런데 아지발도의 견고한 갑옷을 고려군의 화살로 뚫기엔
역부족입니다. 뭔가 빈틈을 찾아내야 합니다.

이광용 　아, 이때 아지발도를 향해 이성계가 뛰어갑니다. 앗, 적군의
화살에 맞아 이성계의 말이 쓰러집니다. 하지만 다시 무서운

기세로 돌격하는 이성계와 여진족 출신 장수 이지란! 이성계가 시위를 당겨 화살로 아지발도의 투구 끈을 맞췄습니다! 투구가 떨어지는 틈을 노려 명중시키는 이지란![†]

박금수 적장 아지발도의 목숨을 빼앗으며 승기는 고려군에게 돌아왔습니다.

이광용 이성계의 전술, 어떻게 보십니까?

박금수 왜구의 대장을 먼저 제거해 적진의 사기를 떨어뜨리고 모든 작전을 무효화하는 아주 훌륭한 작전입니다. 이 전투를 황산대첩이라고 하는데, 승리의 바탕에는 이성계의 뛰어난 활 솜씨가 있습니다. 이때 이성계가 사용한 화살이 바로 유엽전과 대우전입니다.[‡] 대우전은 큰 깃을 붙인 화살이라는 뜻이에요. 그래서 촉도 매우 크고, 그만큼 화살대도 굵습니다. 대우전의 깃은 독수리 같은 맹금류의 깃을 주로 많이 써요. 깃이 크기 때문에 단거리에서 쏘더라도 화살이 흔들리지 않고 궤도가 빨리 안정됩니다. 결국 관통력이라는 것은 얼마만큼 힘이 집중되어 화살이 안정적으로 들어가는지가 매우 중요하기 때문이죠. 한편 장거리에는 유엽전을 써야 합니다. 유엽전은 촉의 모양이 버드나무 잎과 같다고 해서 붙은 이름이죠. 깃도 대우전과는 좀 다릅니다. 작은 대신에 깃을 세 개 붙입니다. 그런데 이 깃의 겉과 속이 약간 휘어 있기 때문에 나가면서 회전합니다. 그래서 오른팔로 당기는 사람은 꿩의 왼쪽 날개에서 나온 깃을 사용해야 해요. 그래야 오른쪽으로 회전하죠. 깃이 작으니까 아주 먼 거리에서도 화살을 정확하게 쏘아 보낼 수가 있습니다. 그래서 당시에 이성계가 아지발도를 잡을 때 근거리였다면 좀 더 강력한 대우전으로 먼저 투구를 떨어뜨린 다음에 유엽전으로 정확히 맞추지 않았을까 하고 생각해 볼

대우전(위)과 유엽전(아래)

　　　　　　수 있습니다.

이광용　이성계가 이끄는 고려군이 차례차례 왜구를 섬멸해 나갑니다. 황산에서 벌어진 왜구 토벌 작전은 적장 아지발도를 먼저 치고 왜구를 싹쓸이하면서 크게 물리쳐 고려군이 대승을 거뒀습니다.

† 어떠한 적장 하나가 나이는 겨우 15~16세쯤에 용모가 단정하면서 수려하고 빠르고 날래기는 비길 데가 없었는데, 백마를 타고 창을 휘두르면서 돌진해 오니 향하는 곳마다 쪼개지고 쓰러져 감당할 수 없었으므로 아군이 아지발도라고 부르며 다투어 피하였다. 태조는 그의 용맹함을 아깝게 여겨 이지란에게 명하여 생포하라고 하였다. 이두란이 아뢰기를, "만약 사로잡고자 한다면 필시 사람들을 상처 입게 할 것입니다. 그 자는 얼굴까지 견고한 갑옷으로 둘러져서 화살을 쏠 만한 틈이 없습니다."라고 하였다. 태조가 말하기를, "내가 투구의 꼭대기를 쏠 터이니, 투구가 떨어지면 네가 즉시 쏘아라."라고 하였다. 드디어 말을 달리며 화살을 쏘아 바로 꼭지를 맞추었는데, 투구의 끈이 끊어져 기울어지자 그 자가 급히 바로 썼다. 태조가 즉시 또 쏘아서 다시 꼭지를 맞추니 투구가 마침내 떨어졌고, 이지란이 곧바로 활로 쏘아서 죽였다.
— 『고려사절요』 우왕 6년(1380) 9월

‡ 태조가 대우전(大羽箭)을 스무 발 쏘고 이어서 유엽전(柳葉箭)을 그들에게 쏘아 50여 발이 모두 그들의 얼굴에 적중하니, 활시위 소리가 날 때마다 쓰러지지 않는 자가 없었다.
— 『고려사절요』 우왕 6년(1380) 9월

이성계의 신궁 신화

최원정 이성계가 정말 신궁에 가까운 활 솜씨로 왜구를 격퇴했습니다. 그야말로 백발백중이네요. 화살을 쏘는 족족 다 맞춥니다.

이해영 그야말로 신궁이란 무엇인지 보여 주네요. 투구 끈이 실제로 어떻게 생겼는지는 모르겠는데, 매우 가늘지 않았을까요? 근데 그런 끈을 맞췄다는 건 약간 과장이 들어가지 않았나 합니다. 영화 같잖아요.

류근 고구려를 세운 고주몽이 100보 밖에 있는 옥반지를 화살로 떨어뜨렸다는 기록이 있잖아요. 창업자들은 저런 신궁의 유전자가 있는 모양이에요.

신병주 우리가 괜히 올림픽에서 양궁으로 항상 금메달을 따는 게 아니죠. 기억하시는 분 계세요? 1996년 애틀랜타 올림픽 때 우리 김경욱 선수가 화살을 과녁 중앙의 렌즈에 맞혔잖아요.

류근   그래서 없던 말이 생겼다고 하죠. '퍼펙트 골드'라는 말이 그때 처음 생겼다는 거예요. 보통은 그냥 골드라고 하는데 말이죠.

이익주 이성계의 신궁 전설은 끝이 없습니다. 다만 중요한 것은 이런 기록이 조선이 건국되고 이성계가 왕이 된 다음에 나온 것이라는 점을 늘 염두에 두어야죠.

황산대첩의 승리와 이성계의 명성

신병주 이성계가 화살로 아지발도의 투구 끈을 맞히니까 투구가 벗겨지고, 그 찰나를 노려 이성계의 대표적인 군사 참모 이지란이 아지발도를 쏴 맞춰 죽였다는 기록에서 이성계의 전투 지휘 능력이, 특히 활 쏘는 솜씨가 뛰어났음을 분명히 알 수 있죠. 이 황산대첩에서 대승을 거두면서 이성계의 명성이 전국적으로 알려져요. 고려를 위기에서 구한 구국의 영웅이라는 이미지가 강하게 계속 이어집니다. 그 덕택에 바로 이 무렵에 조선 건국의 주역 정도전이 유배에서 풀려난 후에 그 명성을 듣고는 이성계를 찾아가 만나죠. 이성계와 정도전 두 사람의 만남이 조선 건국의 시작이 됐다는 점에서도 황산대첩의 승리는 상당히 큰 의미를 가집니다.

이익주 황산 전투에서 고려군의 수가 왜구보다도 적었다고 하죠. 왜구의 수가 고려군의 열 배에 이르렀다고 기록되어 있는데, 전투가 끝난 다음에 오직 일흔 명만이 살아 도망했다고 되어 있고, 왜구에게서 빼앗은 말이 무려 1600필이었다고 합니다. 그리고 이런 기록이 뒤따릅니다. "냇물이 피로 붉어져 6, 7일이 지나도록 색이 변하지 않아 사람들이 마시지 못하고 그릇에 담아 오래 가라앉힌 후에야 마실 수 있었다." 말 그대로 피가 냇물을 물들일 만큼 많은 왜구가 죽임을 당했다는 기록이 되겠습니다.

황산대첩비 탁본 황산대첩비는 이성계가 왜구를 크게 물리친 일을 기념해 후손인 선조가 세운 비석인데, 일제 강점기에 파괴되었다.

쓰시마 정벌

류근 이번에 왜구를 제대로 응징한 것 같은데, 그러면 황산대첩 이후에 왜구는 어떻게 됩니까?

최태성 이제까지는 왜구가 침입해 오면 토벌하는 식으로 대응했잖아요. 그런데 침략이 계속되니까 안 되겠다 해서 직접 정벌해 혼내 줄 계획을 세웁니다. 그래서 1389년 2월에 고려 병선 100여 척을 이끌고 왜구의 근거지라고 할 수 있는 쓰시마로 정벌을 떠나죠. 쓰시마에서 정박해 있는 왜구들의 배 300여 척을 불태워 승리를 거두고, 쓰시마로 끌려갔던 100여 명의 고려인을 데리고 오는 성과를 거둡니다. 결국은 이 시점 이후로 왜구의 출몰이 좀 잦아드는 모습도 보이고요.

이익주 고려군의 쓰시마 공격이 효과를 거둔 거죠. 그리고 좀 더 장기적으로는 고려군이 쓰시마를 정벌하고 나서 3년 뒤에 일본의 남북조가 하나로 합치면서 정치적 혼란이 멈춥니다. 일본 정치가 안정되면서 일본 정부가 자국민들의 해적 활동, 즉 왜구 활동을 금압하기 시작하고, 그에 따라 왜구가 됐던 사람들이 백성으로 되돌아가는 것도 왜구의 출몰이 줄어든 중요한 원인이 되고요. 또 한 가지 원인으로는 조금 더 앞서 1388년에 중국에서 원이 멸망하고 명으로 교체된 것을 들 수 있습니다. 명이 중국 지역의 질서를 통제하고 회복하는데, 해금(海禁)이라고 해서 바다를 통해 중국으로 들어오는 길을 막습니다. 이 해금 정책이 효과를 거두면서 왜구 활동이 또 줄어듭니다.

류근 예나 지금이나 한국과 중국, 일본은 운명의 수레바퀴를 맞댄, 어쩔 수 없는 운명 공동체인 것 같아요.

왜구가 동북아시아에 미친 영향

신병주   실제로 왜구는 원의 흥망에도 큰 영향을 미쳤습니다. 원의 쇠퇴기에 왜구가 출현한 것이 원이 멸망한 또 하나의 원인이죠. 왜구쪽에 군사력을 상당히 소모하는 과정에서 결국 명에 의해 멸망하죠. 한때는 여몽 연합군이 결성돼서 일본 공격에도 나섰잖아요. 그때 상당히 악화되었던 고려와 일본의 외교 관계가 결과적으로는 왜구의 창궐을 통해 좀 회복되고 재개되는 계기가 마련되기도 하고요.

이익주   그래서 왜구는 단순히 고려와 일본의 관계로만 볼 것이 아니라 한국과 중국, 일본 세 나라가 모두 관련된 동북아시아 국제 질서의 변화라는 점에서 다시 한번 해석할 필요가 있습니다. 1388년에 중국에서 원과 명이 교체되는데, 공교롭게도 1392년에는 우리나라에서 고려와 조선의 왕조 교체가 일어납니다. 그리고 바로 같은 해에 일본에서 북조와 남조가 통합됩니다. 한국과 중국, 일본 세 나라에서 왕조 교체에 준하는 변화들이 동시에 일어난 것이 서로 연관이 있다는 관점에서 "왜구의 역할은 과연 무엇인가?"라는 의문을 한 번쯤 가져 볼 필요가 있죠.

류근   그야말로 정말 격변기였네요. 근데 저로서는 뭐니 뭐니 해도 왜구를 격퇴하는 과정에서 최영과 이성계 등 백성에게 신망받는 영웅들이 등장했다는 게 참 인상적이에요.

최원정   난세에는 항상 영웅들이 나타난다고 하잖아요.

이해영   그렇죠. 게다가 그중에 이성계는 나중에 조선을 건국해 왕이 되기도 하고요. 국가적인 어려움과 위기가 어떤 사람에게는 영웅이 되는 발판으로서 작용하기도 하는 것을 보면 역사라는 게 그래서 입체적이고 재미있는 것 같아요.

류근   왜구가 일개 도적의 무리가 아니라 역사를 바꿀 만큼 위협적인 존재였다는 사실을 새롭게 인식하게 되었습니다. 참 인상적이에요. 그리고 무엇보다도 나라의 기강이 무너지면 왜구 같은 도적떼에게 백성이 고통을 받기에 이른다는 사실을 다시 한번 생각하게 됩니다.

최원정 이성계의 등장까지 살펴보니까 고려 건국에서 시작한 고려사의 마지막 페이지가 가까워진 느낌이 드네요.

이익주 고려사는 우리가 잊고 있었던 500년 역사입니다. 그 역사를 다시 찾는 과정의 마무리가 가까워졌는데, 고려에 관해서는 몇 가지 기억해 둘 것이 있습니다. 하나는 유교와 불교가 공존한 나라라는 점입니다. 그래서 사회의 다양성이 살아 있었죠. 또 한 가지는 넓은 세상과 교류한 나라라는 점입니다. 개방성이 살아 있었죠. 사실 이 다양성과 개방성이라는 것은 21세기를 살아가는 현재의 우리에게도 필요한 가치입니다. 이 두 가지가 모두 고려에 있었던 거죠. 고려 500년을 되돌아보면서 조선만이 우리의 역사가 아니라는 점, 조선과는 또 다른 500년이 우리에게 있다는 점을 염두에 두면 좋겠습니다.

7

최영,
이성계와
손을 잡다

고려 말에는 홍건적의 침입과 원 군대의 침략, 왜구와 북방 여진족의 소란 등으로 많은 전쟁이 있었다. 그 과정에서 무장들의 세력이 커졌는데, 그 가운데서도 최영과 이성계가 두각을 나타냈다. 이 두 사람은 서로를 인정하며 수많은 전투를 함께한 동지였다. 그러나 결정적인 순간에 갈라섰고, 결국 한 사람은 고려의 마지막 충신으로, 다른 한 사람은 조선을 건국한 사람으로 역사에 남는다. 무엇이 이 둘을 갈라서게 했을까?

최영과 이성계는 공민왕 때부터 각종 전투에서 연전연승하며 명장으로 이름을 날렸다. 고위 관직에 올랐으나 부패하지 않은 것도 같았다. 하지만 출신은 달랐다. 최영은 명문가 출신이었고, 이성계는 4대조가 고려를 배신하고 몽골에 들어간 뒤 아버지가 다시 몽골을 배신하고 고려로 돌아온, 고려에서는 그다지 인정받지 못하는 집안에서 태어났다. 출신 못지않게 정치적 태도도 달랐다. 최영이 이인임을 두둔하며 권문세족의 입장에 선 반면, 이성계는 신흥 사대부와 손을 잡았다.

이인임이 전횡하던 우왕 때의 암흑기에 신흥 사대부들은 이성계에게서 희망을 찾았다. 외교 문제로 유배를 갔다가 풀려난 정도전이 이성계를 찾아간 것이 대표적인 사례다. 함흥까지 가서 이성계를 만난 정도전이 이성계의 군대를 보고 "훌륭합니다. 이 군대로 무슨 일인들 못 하겠습니까?"라고 했다는 『용비어천가』의 기록은 이 두 사람의 앞날을 충분히 예상케 한다. 정도전 말고도 정몽주와 조준 등 신흥 사대부들이 이성계와 연결되어 있었다. 하지만 이들은 최영을 찾지 않았다.

이인임 정권 말기인 1388년에 최영과 이성계가 이인임 세력을 제거한 것은 두 사람이 마지막으로 힘을 합친 결과이자, 이성계가 최초로 국내 정치에 개입한 사건이었다. 우왕의 명을 받든 것이기는 했지만, 이인임을 제거한 후의 전망에 관해서는 두 사람이 다른 생각을 가졌을 것이다. 최영이 이인임의 지나친 전횡을 참지 못한 것이라면, 이성계는 이인임으로 인해 중단된 개혁을 다시 추진하려는 신흥 사대부와 뜻을 같이했을 것이다. 따라서 두 사람의 대립은 처음부터 예상되는 일이었다.

이인임을 제거한 지 불과 8개월 만에 요동 정벌 문제로 최영과 이성계가 대립했다. 명의 부당한 영토 요구에 대해 강경하게 대응해 요동 출병을 단행한 최영의 행동은 지금까지도 긍정적으로 평가되는 것이 사실이다. 여기에 최영의 영웅적인 최후가 더해져 패자를 동정하는 역사 인식의 지지를 받고 있다. 하지만 당시에 고려가 명과 전쟁해서 이길 가능성이 얼마나 있었는지를 따지는 일은 소홀하게 흘려버릴 수 없다. 여기에는 요동 점령뿐 아니라 그 지역을 지키며 명과 전면전을 치를 가능성까지 포함해야 한다. 이러한 점을 고려한다면 철령위 설치 문제를 외교적으로 해결하고자 했던, 그리고 결국 외교적으로 해결한 이성계의 주장이 좀 더 설득력을 가지는데, 이것은 실은 신흥 사대부의 주장이었다.

위화도회군으로 이성계가 권력을 잡고 최영을 처형했다. 두 명장의 운명이 극적으로 갈렸는데, 이는 역사의 주인공으로 등장하던 신흥 사대부의 선택에 의한 것이었다. 개인적으로는 두 사람 모두 유능하고 부패하지 않았지만, 그 개인적 덕목을 사회적으로 의미 있는 가치로 연결하는 데서 차이가 났다. 그러한 점에서 최영은 자기가 사회적으로 어떤 지위에 있는지, 자기 행동이 어떤 결과를 가져올지에 관한 인식이 부족했다.

이성계는 권력을 잡은 후 신흥 사대부와 손잡고 개혁을 추진해 나갔다. 가장 먼저 토지제도를 개혁해 공민왕 이래 개혁의 종지부를 찍었다. 그 과정에서 고려 왕실의 존속을 둘러싸고 이견이 발생했고, 결국 신흥 사대부 가운데 일부가 이성계를 왕으로 추대하고 조선을 건국했다. 신흥 사대부가 이성계를 선택해 조선을 건국했던 것이다.

최영과 이성계, 이인임 세력을 제거하다

1388년, 이인임 세력의 권세가 하늘을 찌르고
그들의 노비마저 고위 관리의 땅을 빼앗는 등
나라 전체가 부정부패로 얼룩진다.

민심이 흉흉해지자 최영은 우왕을 만나
밀담을 나누며 특단의 조치를 취하고자 한다.

"소신이 저 간악한 무리를 처단하겠나이다.
저들을 추포하라 명을 내려 주시옵소서."

이때 이들의 계획에 뜻밖의 인물이 동참하니,
바로 동북면도원수 이성계였다.

"판삼사사 겸 동북면도원수 이성계,
이인임, 임견미, 염흥방 족당들을 모조리 쓸어버리겠습니다."

이인임 세력 제거에 나선 이성계와 최영!
국정을 농단한 임견미와 염흥방 무리를 처단하고,
14년간 권력을 쥐었던 이인임 시대를 종식시킨다.

"이성계 네 이놈! 변방의 천한 무지렁이 따위가
고려 최고의 귀족인 나에게 명령을 해!"

최영과 이성계! 두 영웅의 연합작전이 거둔 승리였다.

최영, 이성계와 손을 잡다

최원정 고려 말 최고의 명장으로 불리던 두 장군 이성계와 최영이 연합해 이인임 세력을 제거했습니다. 두 사람을 함께 놓고 보면 뭔가 별들의 전쟁, 용호상박 같은 단어가 떠올라요. 긴장감이 있어요.

이윤석 저는 최영과 이성계의 대결을 지키려는 자와 바꾸려는 자의 대결로 알고 있거든요. 정몽주와 정도전이 붓으로 대결했다면 최영과 이성계는 칼로 대결하는지라 볼 만하겠다고 생각했는데, 이인임 세력을 제거할 때 최영 옆에 이성계가 있었네요?

이익주 많은 분이 최영과 이성계가 저렇게 손을 잡은 것을 보고 의외라고 생각하실 겁니다. 더군다나 각각 고려를 지키려고 한 최후의 명장과 조선을 건국한 사람이어서 두 사람의 대립 구도가 선명하게 부각되죠. 하지만 이 두 사람의 생애를 살펴보면 라이벌 관계는 아니라고 봐야 합니다. 일단 최영이 1316년생이고 이성계가 1335년생입니다. 나이 차이가 열아홉 살입니다. 열아홉 살이면 아버지와 아들 사이 정도가 되는데, 특히 그 당시에 최영은 전국의 군사를 총지휘하는 위치에 있었고, 이성계는 동북면의 군대를 지휘하는 동북면도원수라는 관직에 있었습니다. 그러니까 이성계는 최영의 지휘를 받는 여러 원수 중 한 사람 정도였다고 볼 수 있습니다.

최태성 당시에 최영은 사람들이 우러러 보는 위치에 있었다고 생각하면 될 것 같아요. 이색의 『목은집』[1]에 보면 이런 기록이 있어요. "최영이 여든일곱 번 크고 작은 전투를 했는데, 단 한 번도 패하지 않았다."[†] 그러니까 그 당시에 최영은 살아 있는 전설이었습니다. 이성계는 그 전설을 바라보는 후배 장수 정도로 설정하시면 될 것 같고요.

신병주 드라마에서는 조선 건국을 강조하고 극적인 효과를 내기 위해

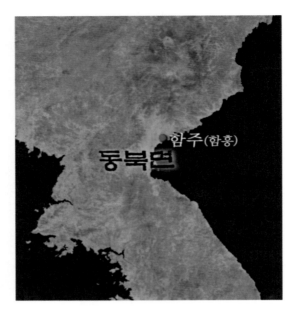
이성계의 근거지인 동북면

이성계가 이인임 제거에 주도적으로 참여한 것처럼 나오지만, 실제로는 우왕이 최측근인 최영에게 이인임 세력을 제거하라고 지시했고, 그 과정에서 최영이 이성계에게 손을 먼저 내밀어 끌어들였다고 해석하는 게 맞을 겁니다.

류근   당대에 유능한 무장이 이성계만 있었던 것은 아닐 텐데, 최영은 왜 굳이 이성계의 손을 잡았을까요?

이익주   이성계에게는 각별한 점이 있습니다. 그 당시에 각 도에는 원수들이 배치되어 군대를 지휘했는데, 그중에서도 동북면에서 이성계가 이끄는 휘하 병사들은 이성계를 개인적으로 따르는 사병적인 성격이 아주 강했습니다. 그래서 이성계가 다른 사람들보다 월등한 군사력을 갖게 되었죠. 특히 지난번에 살펴봤던 황산대첩에서 이성계가 왜구를 물리치고 개선했을 때 최영이 가장 먼저 나가 이성계의 손을 잡고 "공이 아니면 누가 이 일을 해냈겠는가? 장차 나라의 운이 공에게 달렸소."라고까지 하며 아주 극찬합니다. 이렇게 이성계가 지닌 무장으로서의 능력을 최영이 인정한 것을 계기로 두 사람이 손을 잡은 것이죠.

최원정   이성계가 누구나 손잡고 싶어 하는 떠오르는 스타였던 거군요.

신병주   우리도 보면 선거 치를 때 보면 지지율이 높은 사람을 자기 진영으로 영입하잖아요.

최태성   최영과 이성계가 연결되는 또 다른 이야기도 있어요. 최영이 해풍군에서 왜구와 싸울 때의 일입니다. 기본적으로 왜구에게 최영은 공포의 대상이잖아요. 지지를 않으니까 말이죠. 그래서 최영을 넘어야 개경까지 들어갈 수 있다는 판단하에 묻지도 따지지도 않고 무조건 최영만 막 공격하는 거예요. 그러니 아무리 최영이라도 좀 위태위태할 거 아니에요? 그런 상황에서 바로 이성계의 기병들이 나타나 왜구를 물리칩니다.[‡] 이때 최영이 이성계에게 깊은 인상을 받은 거죠. 꽂힌 겁니다.

류근   그럼 최영에게 이성계는 말 그대로 생명의 은인인 셈이네요.

이윤석   이런 얘기도 제가 들었습니다. 잔치를 열 때마다 최영이 "나는 국수를 준비할 테니 이 공은 고기를 준비하시오."라고 했다는군요.

류근   아니, 어른이 고기를 사고 어린 사람이 국수를 내는 게 맞지 않아요?

최원정   그러게요. 한참 까마득한 후배에게 "네가 쇠고기를 사면 나는 커피를 살게."라고 말하는 느낌인데요?

신병주   이성계가 사냥을 잘하니까 고기를 조달하기가 쉽잖아요. 친근감의 표시이기도 하고, 이성계의 활 솜씨를 높이 평가해서 한 말이었을 겁니다. 그리고 오히려 그 시절에는 국수가 귀해서 구하기가 더 어려웠을 수도 있어요.

純白色烏脣烏眼烏臀烏蹄...
過水平地避的走內...
...御之...時御左...中一篰右肩頭中一篰

橫雲鶻

팔준도 이성계가 탄 말을 묘사한 그림 중 하나. 윤두서가 그렸다고 전한다.

최원정　아, 그런 의미인가요? 이성계에게는 고기 잡는 게 제일 쉬웠군요.

신병주　『태조실록』을 보면 화살 하나로 까마귀 다섯 마리를 잡았다고 하
　　　　니까, 참새구이 같은 건 금방 마련해서 문제도 아니었을 겁니다.

† 그동안 크고 작은 여든일곱 차례의 전투를 치르면서 적의 급소를 치고 허를 찌르는가 하면 어려운 고비를 만날 때마다 기이한 작전을 펼치곤 하였는데, 나이가 60이 넘었는데도 기운이 더 줄어들지 않고 있으니, 이른바 하늘이 용맹과 지혜를 내려 준 사람이 아니라면 어떻게 이렇게까지 될 수 있겠습니까?
— 『목은집』「판삼사사 최공의 화상에 대한 찬」

‡ (우왕 4년(1378) 4월) 적군이 최영을 쫓으니 최영이 패하여 달아났다. 태조가 날랜 기병[精騎]을 거느리고 바로 나아가서 양백연과 합세하여 쳐서 적군을 크게 부수었다.
— 『태조실록』「총서」

이성계가 최영과 손잡은 이유는?

최원정 이성계로서는 최영과 합심해 이인임을 치는 게 자기 출세를 위해서도 괜찮았을 것 같아요. 이성계는 당시 고려 중앙 정계에 아무런 정치적 연고가 없었다면서요?

최태성 그렇죠. 왜냐하면 쌍성총관부 지역에 살다가 아버지 때 고려에 귀부했으니, 얼마 전까지는 고려와 관련이 없었죠.

이윤석 이성계는 이른바 백도 없고 가진 것은 주먹밖에 없는데, 나중에 조선의 왕까지 됐잖아요. 제가 보기에는 권력욕이나 야망이 없으면 불가능한 일이거든요. 이성계에게 최영은 출세의 길로 가는 통로가 아니었을까요? 신분을 상승하게 해 줄 동아줄로 보아 최영의 손을 잡은 게 아닐까 하고 생각해 봅니다.

류근 이성계에게는 일찍부터 권력욕이 있었다는 얘기군요. 그런데 제 생각은 좀 다릅니다. 당시에 집권층의 부정부패로 말미암아 나라의 곳간이 텅 비어 있었잖아요. 고위 관리마저 이인임 일당의 노비에게 매질을 당하고 땅을 뺏길 정도로 부정부패가 심한 상황이었지 않습니까?† 따라서 좀 낭만적인 해석이기는 한데, 이성계가 최영의 손을 잡은 것은 아직 젊고 패기 넘치는 무장으로

조선 태조 이성계 초상

　　서 도탄에 빠진 나라를 위기에서 구해야 한다는 순수한 사명감
　　이 더 크게 작용했기 때문이 아닐까요?

이익주　결과만 놓고 본다면 이윤석 씨의 말이 일리가 있습니다. 이인임
　　을 제거한 다음에 관직 이동을 보면 최영이 문하시중에 오르고
　　이성계가 수문하시중에 오르는데, 문하시중이 고려 시대에 가

장 높은 관직입니다. 지금으로 보면 총리 정도가 문하시중과 비슷하겠죠. 그리고 수문하시중은 두 번째로 높은 관직입니다. 중요한 것은 이성계가 고려로 들어온 다음에 홍건적이나 왜구가 아닌 고려인을 상대로 자기의 군사력을 사용한 것은 이번이 처음이라는 점입니다. 다시 말해 이 사건이 이성계가 고려의 정치에 관여한 첫 번째 사건이라는 뜻이죠. 그런데 이때는 아직 최영이나 이성계가 그렇게까지는 정치화되어 있지 않다고 보입니다. 그러니까 최영이 이인임을 제거한 이유도 자기가 권력을 잡겠다는 쪽보다는 부정부패한 세력을 척결해야겠다는 쪽이 컸을 겁니다. 이성계도 신흥 사대부들과 교유하기는 하지만 아직은 정치적인 꿈을 품기 전이므로, 이 거사는 아직은 순수한 의도를 지닌 최영과 이성계가 부패한 세력을 척결하기 위해 벌인 거사였다고 평가하고 싶습니다.

류근 요즘은 세대 간 갈등을 운운하는 시대 아닙니까? 그런데 고려 말에 나라에 위기가 닥쳐 나라 꼴이 하도 기가 막히니까 젊은 사람과 노장이 손을 잡고 어떻게든 위기를 타개해 보려고 나선 거 아닙니까? 아직은 아름다운 모습이에요.

최원정 세대 간의 의기투합이군요. 그런데 이 두 사람 사이를 뒤흔드는 사건이 발생합니다.

> † 염흥방의 가노 이광이 전 밀직부사 조반의 백주(白州) 토지를 빼앗았다. 조반이 염흥방에게 애걸하니 염흥방은 그 토지를 주었으나, 이광이 다시 그 토지를 빼앗고 조반을 능욕하였다. 조반이 이광에 나아가 빌며 간청하자 이광이 조반을 업신여기고 더욱 마음대로 탐학하였다.
> —『고려사』,「임견미 열전」

최영, 요동 정벌을 주장하다

요동을 차지한 명은 1388년,
고려에 철령 이북 땅을 요구한다.

"너희가 다스리는 철령 이북의 땅은
원래 원이 다스리던 곳이었으니
그 땅을 우리 나라의 요동에 귀속하겠다."

명의 영토 요구에 충격에 빠진 고려!

"우리 영토를 명에 넘겨줄 수 없습니다.
하오나 일단 사신을 보내 대화를……."

"이 공, 대화가 무슨 소용이란 말이오?
신 문하시중 최영, 군사를 이끌고 가
요동을 타격하겠나이다!"

요동 정벌을 주장하는 최영!
이성계와 최영이 맞이할
앞날을 예고하는 순간이었다.

공민왕이 수복한 영역(위)과 명이 요구한 영토(아래)

명의 철령 이북 땅 요구

최원정   명이 철령 이북 땅을 반납하라고 요구하는데, 사실 그 땅은 고려
               땅이 아닌가요?

이익주   그렇죠. 명이 이때 고려로부터 뺏으려고 한 쌍성총관부는 고려
               가 몽골과 전쟁할 때 몽골이 설치한 지방행정기관입니다. 몽골
               이 직접 통치하는 곳이었는데, 고려 공민왕이 반원 운동을 하면
               서 탈환합니다. 그런데 이때 쌍성총관부 지역만 되찾은 것이 아

니라 더 북쪽으로 진출해 함경도 해안을 따라 압록강 중류까지 고려 영토로 확보해 놓죠. 명은 그 지역에 철령위를 설치해 명의 요동에 속하게 하겠다고 통보해 온 것입니다.†

류근   쌍성총관부는 이성계 집안과도 몹시 인연이 깊은 땅 아닙니까? 이성계의 아버지 이자춘이 공민왕과 손을 잡고 쌍성총관부를 회복하는 데 도움을 줘 고려 중앙 정계로 진출하게 되잖아요. 근데 아버지가 수복한 땅을 빼앗기게 된 상황에서 이성계가 너무 온건하게 대화로 해결하자고 하네요.

최태성   이성계가 땅을 주자고 얘기하는 게 아니라 대화하자고 주장하는 거잖아요. 외교로 해결하자는 이야기죠.

최원정   그렇죠. 사태 해결에 접근하는 방법이 좀 다른 거죠. 명의 철령 이북 땅 요구를 두고서 고려 조정에서도 의견이 둘로 갈렸다고 합니다. 자세한 소식 연결해 알아보겠습니다.

> † 성지에 이르기를, "철령(鐵嶺) 이북은 원래 원에 속했던 것이니, 아울러 요동에 귀속하겠다. 그 나머지 개원(開元)과 심양(瀋陽), 신주(信州) 등지의 군민(軍民)은 원래의 생업에 복귀하게 하라."라고 하였다.
> ─『고려사』, 「신우 열전」 우왕 14년(1388) 2월

그날 토론: 요동 정벌, 필요한가?

이광용   최근 명이 철령 이북 땅을 요동에 귀속하겠다고 통보하면서 고려가 큰 충격에 빠졌습니다. 그래서 "요동 정벌, 과연 필요한가?"라는 주제로 이야기 나눠 보겠습니다. 먼저 이번 명의 철령 이북 땅 요구에 관해 최영 장군께서는 어떻게 보십니까?

최영   철령 이북은 우리 고려의 영토요. 지금 명의 행위는 명백한 침략 행위입니다. 당장 군사를 일으켜 요동을 정벌해 본때를 보

여 줘야 합니다.

이광용 아, 강하게 나가야 한다는 의견이시군요. 이성계 장군께서는
어떤 의견이신지요?

이성계 저도 철령 이북 땅이 고려 땅이라는 것에는 이견이 없습니다.
다만 지금은 우리 고려가 명에 사대하는 이상 작은 나라가 큰
나라를 치는 것은 불가하지요. 외교적으로 해결해야 합니다.

최영 천하태평한 소리를 하시는구먼. 지금 명은 철령위를 설치하
겠다고 나서는 판인데, 한가롭게 대화로 풀어요? 내 귀에는
이대로 땅을 내어 주자는 말로 들리는구먼.

이성계 설혹 장군 말씀대로 군대를 일으킨다 해도 지금은 때가 아닙
니다. 지금이 어느 때입니까? 여름철 아닙니까? 존경하는 장
군님께서도 여름철에는 군대를 동원하는 것이 아니라는 것을
잘 아시지 않습니까? 여름철엔 아교가 녹아 활을 제대로 쏠
수 없습니다. 게다가 이 장마철에 전염병이 돌면 어쩌려고 그
러십니까?

최영 바로 그겁니다. 여름철에는 군대를 일으키지 않는다는 건 나
도 알지요. 그런데 적도 똑같이 생각할 거 아닙니까? 그럴 때
군사를 일으켜 뒤통수를 때리는 것이 곧 승리하는 전략이 아
니겠소?

이광용 거꾸로 가야 한다고 주장하시는군요. 일리가 있는 말씀이십
니다. 그런데 장군, 아교가 녹아 활을 제대로 쏠 수 없으면 진
짜 문제되는 거 아닌가요?

최영 아니, 활의 아교는 우리만 녹는답니까? 그들의 아교도 녹을
것이오. 같은 상황이라는 거지. 그럴 때는 정신력으로 싸워야
이기는 것이오.

이성계 장군, 또 정신력 타령이십니까? 우리가 원정군을 이끌고 북쪽

으로 우르르 갔는데, 남쪽으로 왜구가 쳐들어오면 어떻게 하실 겁니까?

최영 다 필요 없습니다. 나 최영, 그간 수없이 많은 전투에 참가했으나, 단 한 번도 패배한 적이 없소이다. 이 공, 우리가 함께한 전투를 생각해 보시오. 모두 승리하지 않았소? 이번에도 우리가 힘을 합한다면 요동 정벌을 할 수 있습니다.

이광용 자, 이쯤에서 전화로 시청자 의견을 한번 들어 보겠습니다.

이해영 여보세요? 저는 이해영이라고 합니다.

이광용 네, 이해영 님. 요동 정벌, 필요하다고 생각하시는지 궁금하네요.

이해영 최영 장군님께서 너무 현실감각이 없으신 것 같아요. 지금 명이 보통 강한 게 아닌데, 뾰족한 수도 없이 그냥 전쟁하자는 게 말이 됩니까? 현실적인 대안이 필요하죠. 혹시 이성계 장군을 제거하려고 요동 정벌을 자꾸 주장하시는 거 아닙니까?

이광용 의견 감사합니다. 요동을 정벌하자는 주장에 뭔가 저의가 있는 거 아니냐는 질문인데요.

최영 어허, 이 사람이 지금 무슨 생사람 잡는 얘기를 하고 그러시오? 아니, 내가 이성계 장군을 제거할 이유가 뭐가 있겠소? 나도 같이 출정할 것이외다. 게다가 서북 방면에서 온 자가 이르기를 지금 요동에 있는 군사들이 몽골 오랑캐를 토벌하러 다 떠나서 성 안에는 지휘관밖에 없다고 하더이다.† 싸우지 않고도 함락할 수 있다는 얘기지.

이광용 아, 그게 정말입니까?

최영 아무렴, 그래서 내가 매우 기뻐 후하게 상을 내렸소.

이성계 아니, 장군, 서북면이라고 하셨습니까? 서북면은 고려 땅이지 않습니까? 요동 사람도 아닌 자가 들고 온 정보인데, 틀리면

요동과 서북면

어쩌려고 그러십니까?

최영   이 공이야말로 이 정보가 맞으면 어쩌려고 그러시오?

이광용   자, 이번엔 방청석의 목소리도 좀 들어 보겠습니다.

류근   저는 이성계 장군께 궁금한 게 있습니다. 지금 사신을 보내 대
화하려고 해도 잘 안 되는 형편이지 않습니까? 대화만 시도하
다가 영토를 빼앗겨 버리면 그때는 어떻게 하려고 자꾸 반대
만 하시죠? 오히려 항간에 떠도는 소문에 의하면 이성계 장군
이야말로 뭔가 다른 꿍꿍이가 있다는 소문이 있는데 말입니
다. 이참에 정권을 잡겠다는 야욕이 있는 거 아닙니까?

이성계   그게 무슨 소리요? 말도 안 되는 소리 하지 마시오. 지금 사신
을 보내 협상하고 있지 않습니까? 그 협상 결과를 보고 잘 안
되면 가을에 정벌을 떠나시라는 말씀을 드리는 겁니다. 답답
하구먼.

최영   나야말로 답답하오. 너무 늦다니까? 그때가 되면 우리가 아무
런 손을 쓸 수가 없단 말이오.

이광용 양측의 의견이 정말 팽팽하게 맞서고 있습니다. 지금 명에서는 철령위 설치를 완료했다는 통보까지 해 온 상황입니다. 모쪼록 고려 국운에 도움이 되는 방향으로 지혜를 모았으면 하는 바람입니다.

> † 어떤 사람이 이성(泥城)에서 와서 말하기를, "근래에 제가 요동에 갔는데, 요동의 군사는 모두 오랑캐를 정벌하러 가고 성 안에는 다만 지휘 한 명이 있을 뿐입니다. 만약 대군이 이른다면 싸우지 않고서도 함락할 수 있을 것입니다."라고 하였다. 최영이 크게 기뻐하며 두둑하게 상을 내려 주었다.
> ─『고려사』 「신우 열전」 우왕 14년(1388) 4월 18일

최영과 이성계, 대립하다!

최원정 요동을 정벌하자는 최영과 이를 반대하는 이성계, 진짜 누구의 편을 쉽게 들 수 없을 만큼 아주 크고 민감한 사안이에요.

류근 좀 의외입니다. 이성계가 저토록 강력하게 자기 의견을 피력한 사례가 있습니까? 저게 처음 아닌가요?

이익주 그렇죠. 이성계가 이렇게 강력하고 길게 자기 얘기를 한 것은 이때가 처음입니다. 이성계가 군인에서 정치가로 점차 변신하는 모습이 보이죠. 이성계가 요동을 공격해서는 안 된다며 내놓은 주장을 흔히 '사불가론(四不可論)'이라고 하는데, 그중에서 "여름철에 군대를 발해서는 안 된다."와 "요동에 군대를 보냈을 때 왜구의 공격이 있으면 어떻게 하느냐?", "장마철에 전염병이 돌면 어떻게 하느냐?"라는 세 가지는 군인으로서의 판단입니다. 그런데 가장 중요한, 맨 처음에 제시한 이유는 '이소역대(以小逆大)'라 해서 "작은 나라가 큰 나라를 거스르면 안 된다."입니다. 이 말은 성리학자들이 이야기하는 명분론입니다. 군인인 이성계가 쉽게 생각할 수 없는 내용이므로, 이때 정몽주나 정도전 같은 신흥 사대부들과 사전에 교감이 있었던 것이 아닌가 하고 해석

됩니다.

류근 이미 요동 정벌에 나서기 전부터 슬슬 이성계를 중심으로 새로운 고려를 꿈꾸는 세력들이 결집하기 시작했다고 봐야겠군요.

신병주 그 당시 국제 정세를 보면 원이 명에 쫓겨 수도까지 버리고 북쪽으로 피신한 상황이었거든요. 그러니까 원도 되게 절박해요. 그래서 최영은 사람을 보내 고려와 원이 명을 함께 협공하면 분명히 성공할 수 있다고 판단한 거죠.

이윤석 최영이 87전 87승 아닙니까? 요동이 비었다는 정보에다 북원과의 협공 전략까지 모든 걸 준비해 놓고 주장한 건데, 역시 저는 갔어야 한다고 봅니다.

류근 그런데 아까 최영이 이성계를 제거하기 위해 요동 정벌을 주장한 것이라는 음모론을 이해영 감독님이 제기했잖아요. 정말 그랬을 가능성이 있을까요?

이익주 음모론을 말씀하신다면 저는 단연코 아니라고 말씀드리겠습니다. 음모론이라는 것은 사실을 좀 더 정확하게 알려는 노력을 방해하죠. 최영이 그럴 사람도 아니지만, 이성계를 제거하기 위해 이성계를 사지로 보냈다는 음모론은 요동 공격이 실패했을 때를 전제하는 주장입니다. 요동을 공격했다가 실패한다는 것은 요동 정벌을 주도한 최영, 나아가 우왕에게까지도 그 책임이 미칠 수 있는 아주 중차대한 사태입니다. 따라서 저는 이런 음모론은 그 당시 상황에 맞지 않는다고 생각합니다.

최원정 이인임을 몰아내자고 의기투합했던 두 사람인데, 어떻게 이렇게 갑자기 등을 돌리는 거예요? 요동 정벌에 관한 의견이 다르다는 것만으로도 이렇게 될 수 있는 거예요?

신병주 이인임의 잔당 세력들을 어떻게 처리할 것인지를 둘러싸고 노선 차이를 보이며 대립하기도 했습니다. 최영은 이인임이 등용한 모든 사람을 완전히 축출하자는 쪽으로 이야기한 반면, 이성계는 이인임 일당이 정권을 잡은 지 너무 오래돼서 대부분의 신흥 사대부가 이인임의 추천을 받은 사람이니 전부 다 숙청해 버리면 어떻게 하냐며 능력을 따져 필요한 사람은 끌어안아야 한다고 주장하죠.

최태성   성격의 차이도 있는 것 같아요. 우리가 잘 아는 대로 최영은 강직한 인물이어서 한번 원칙이 정해지면 그대로 가야 합니다. 예를 들어 출정하는 길에 자기가 다스리는 군졸이 민가에 들어가 가축을 도살해 민폐를 끼쳤다고 하면 참수하거나 팔을 잘라 조리를 돌립니다. 그리고 최영의 조카사위가 살인죄로 끌려오자 도당에서는 최영의 체면을 고려해 죄를 좀 감해 주자는 의견이 나왔는데, 최영은 법대로 국문을 받게 했다는 얘기도 있어요.†

류근   지금 들어 보니 아주 귀감이 되는 인물이네요.

이윤석   어떻게 보면 적이 많이 생길 수도 있는 유형의 인물이긴 해요. 의견이 맞지 않으면 설득하는 과정도 필요한데, 원칙대로 죽여 버리는 건 너무 강직하기만 한 것 아닐까요?

신병주   그래서 그런지 조선 시대의 기록들을 보면 최영의 그런 단호한 면과 대비해 이성계는 "휘하 사람들을 다 예로 접대하고 평소에 꾸짖는 말이 없어 모든 장수가 다 그 밑에 소속되기를 원했다." 라고 나옵니다.

류근   보통은 이성계라고 하면 정말로 용맹하고 거친 북방 사내의 이미지가 있었는데, 듣고 보니 반전이네요. 제왕의 덕이 있다는 얘기예요.

최원정   최영과 이성계, 이 두 사람이 대립이 매우 흥미롭습니다. 과거청산 문제에서 나타나는 강경함과 온건함, 리더십에서 나타나는 권위적인 태도와 민주적인 태도, 정치적 위치에서 나타나는 보수적인 자세와 진보적인 자세를 비교해 보니 재밌네요. 어쨌든 결과적으로는 최영의 주장대로 요동 정벌이 강행되는데, 속보가 들어왔다고 합니다.

> † 최영의 조카사위인 안덕린이 함부로 사람을 죽이자 양광도 안렴사 양이시가 형틀에 채워 사헌부로 보냈다. 그때 최영이 순위부 판사로 있었는데, 도당에서 최영과의 연고 때문에 안덕린의 죄를 가볍게 처리하려고 순위부로 옮겨서 가두니 최영이 노하여 말하기를, "안덕린이 죄 없는 사람을 죽였으니 사헌부에서 처결할 것이다. 하물며 내가 순위부에 있으니 어찌 마땅하게 추국을 하겠는가?"라고 하면서 마침내 사헌부로 돌려보냈다.
> — 『고려사』 「최영 열전」

고려 뉴스: 이성계, 위화도회군 결정

이광용   지난 4월 18일에 요동을 공격하러 떠난 고려군이 5월 22일 현재 위화도에서 회군하기로 결정했다고 합니다. 과연 어찌된 일일까요? 소식통에 따르면 출정에 나선 고려군은 연일 내린 비 때문에 행군에 어려움이 많았다고 합니다. 게다가 불어난 강물 때문에 강을 건너기도 어려운 상황이어서 결국 더는 전진하지 못하고 위화도에 진을 쳤습니다. 이어 긴급회의가 소집되어 회군하기로 결정했지만, 이성계 장군이 몇 차례에 걸쳐 조정에 회군을 허락해 달라고 요청했는데도 끝내 받아들여지지 않았습니다. 결국 이성계 장군은 독단적으로 회군을 결정합니다. 이번 결정을 두고 일각에서는 애초에 요동 정벌에 반대한 이성계 장군이 출병할 때부터 회군을 결심한 게 아니냐는 지적도 나오고 있습니다. 어쩌면 예견되었을지도 모르는 위화도회군, 과연 고려의 운명은 앞으로 어찌 될까요?

압록강 유람선에서 바라본 위화도

위화도회군, 이성계는 왜?

이윤석 이건 엄연한 반역 아닙니까? 처음부터 그렇게 가기 싫어하더니
　　　　결국 일을 냈네요.

류근　　후퇴와 회군은 다른 차원의 문제 아닙니까? 전투 중에 세가 불리
　　　　하면 작전상 후퇴를 할 수는 있어요. 그러나 그냥 회군해 버리는
　　　　건 더는 싸우지 않겠다는 뜻이거든요. 더군다나 왕명도 없이 말
　　　　이죠. 이성계는 군법의 위엄을 누구보다 잘 아는 군인이지 않습
　　　　니까? 저는 정말 이성계가 출정하기 전부터 회군하기로 결심했
　　　　다는 심증을 굳히게 돼요. 처음부터 작정하고 갔던 겁니다.

이윤석 저도 이성계가 처음에 출정할 때부터 회군을 작심한 거 같다는

정지의 갑옷 정지가 왜구를 물리칠 때 입은 갑옷. 정지는 위화도회군에도 참여해 공신이 되었다.

생각이 듭니다. 왜냐하면 최영이 기습 작전을 구상했잖아요. 한 달 이상 지체되면 안 된다고 얘기해 줬는데도 서경에서 출발해 위화도까지 19일이 걸리고, 위화도에서 또 15일을 지체합니다. 그런데 나중에 회군할 때는 9일 만에, 그것도 개경까지 와요. 서경에서 위화도까지 19일이 걸렸는데 위화도에서 더 먼 개경까지는 9일 만에 와요. 이러니 제가 볼 때는 위화도까지 일부러 천천히 간 게 아닌가 합니다.

신병주　이때 이성계가 군심을 파악했던 거 같아요. 군사들이 사실은 다 농민들이거든요. 처음부터 이성계도 여름철에 출병하는 것은 불가하다고 지적했잖아요. 농사지어야 하니까요. 농민들이 군사로 징발되어 가면서 얼마나 불만이 쌓였겠습니까? 농사는 누가 지어 줄지, 소는 누가 키워 줄지 걱정도 많았을 겁니다. 그런데 막상 위화도에 도착하니 장맛비 때문에 바로 도강할 수 없다는 현실적인 어려움이 기다리는 걸 보고† 이성계는 고려 백성들이기도 한 고려군을 더는 희생시킬 수 없다고, 뭔가 결단을 내려야겠다고 판단한 거죠.

최원정　그러니까 위화도로 가는 길에 마음을 바꿔 결단을 내린 거지, 처음부터 회군할 의도는 없었을 거라는 말씀이시군요. 다른 목적이 있었다고 보기는 좀 어려울까요?

이익주　저도 이성계가 위화도로 출발하기 전부터 회군할 계획이 있었다고는 보지 않습니다. 만일 그랬다면 위화도까지 갈 이유도 없었겠죠. 이성계는 어쩔 수 없이 출병했는데, 상황이 좋지 않자 계속해서 군대를 돌리라는 왕명을 내려 달라고 요청합니다. 하지만 이 요청이 받아들여지지 않으면서‡ 스스로 회군을 결정하죠. 이런 흐름을 보았을 때 위화도회군은 출병이 진행되는 과정 속에서 결정된 것으로 보는 것이 현재로서는 합리적일 것 같습니다.

---

† 좌·우군도통사가 상언하기를, "신들이 뗏목을 띄워 압록강을 건너는데, 앞에 큰 내가 있어 비가 와 물이 넘치니 첫 번째 여울에서 물에 빠져 죽은 자가 수백 명이었고, 두 번째 여울은 더 깊어서 모래톱 안에 머물러 주둔하며 헛되이 곡식만 소비하고 있습니다. 여기서부터 요동성까지 그 사이에 큰 내가 여럿 있으니, 빨리 건너는 것이 어려울 듯합니다."라고 하였다.
—『고려사』「신우 열전」 우왕 14년(1388) 5월 13일

‡ 군사가 위화도에 머물면서 좌·우군도통사가 글을 올려 회군을 요청하니 최영이 말하기를, "두 도통사가 있으니 스스로 와서 아뢰는 것이 옳다. 군사를 물리자는 말을 감히 내 입으로 하지 못하겠다."라고 하였으며, 신우 역시 듣지 않고 진군하기를 독촉하였다.
—『고려사』「최영 열전」

위화도회군, 최영의 패착

최태성　그런데 분명히 요동 정벌에 함께 간다고 한 최영은 왜 빠졌는지

외돌개 방면에서 바라본 범섬 목호의 난 당시에 최영은 제주도의 목호들을 범섬으로 몰아넣어 소탕했다.

아십니까?

신병주 최영은 본인이 직접 가겠다고 주장하며 강한 의지를 보였는데, 우왕이 "경이 가면 과인은 어쩌란 말이오?"라고 하며 계속 말리고 매달려서 어쩔 수 없이 못 갔어요.† 우왕이 제일 믿을 수 있는 사람이 최영이거든요. 우왕에게는 정신적외상이 있습니다. 바로 공민왕이 시해당했을 때, 최영이 개경에 없었다는 거죠. 실제로 기록을 보면 우왕이 "선왕께서는 그대 최영이 남쪽으로 정벌을 떠났기 때문에 해를 당하셨다. 내가 어찌 경과 함께 하루라도 있지 않겠는가? 그러니 꼭 그대가 과인을 지켜 달라."라고 합니다. 최영이 자리를 비우면 자기가 시해당할지도 모른다고 걱정한 거죠.

최원정 그러면 최영의 바짓가랑이를 붙잡고 놓아주지 않았다는 우왕의 심정이 이해는 되네요.

류근 어떻게 이해할 수가 있어요? 국가의 총력을 기울여 요동 정벌에 나서는 판에 일국의 왕이 사사로이 자기 안위를 걱정해 출정해 야 하는 최고 원수의 바짓가랑이를 붙잡고 못 가게 한다는 게 말 이 됩니까?

이윤석   최영으로서는 우왕 때문에 같이 못 간 게 천추의 한일 듯합니다.

이익주   출정군의 최고 지휘관은 팔도도통사 최영입니다. 그리고 두 번째 서열인 좌군도통사는 조민수이고, 그다음 서열인 우군도통사가 이성계인데, 정작 팔도도통사가 참전하지 못한 거죠. 그래서 조민수에게 지휘권을 맡겨 요동을 공격하게 했는데, 위화도에서 조민수가 이성계에게 설득당했든 굴복했든 회군에 동조하면서 최영의 계획이 전부 어그러지죠.

최태성   여기서 주목해야 할 게 바로 이성계의 회군 명분이거든요. 요동 출정군의 병력을 보면 3만 8830명이에요. 고려군 거의 전부나 마찬가지예요. 그러니까 조민수가 회군에 동의만 해 주면 위화도회군은 실패할 확률이 거의 없다고 보시면 되죠. 그래서 조민수를 설득하며 다음과 같은 명분을 듭니다. "상국의 국경을 범해 천자께 죄를 얻는다면 종사와 생민의 화가 즉시 이를 것이다." 명을 치면 안 된다는 대의를 내세우며 이야기하는 거죠. 그리고 "그 대의를 거스르게 하는 임금 측근의 악인을 제거하여 생령을 편안하게 하지 않겠는가?"라고 제안합니다.

최원정   그 악인이 최영을 가리키는 거군요.

최태성   그렇죠. 목표는 왕이 아니라 최영이라고 하면서 타깃을 좁히는 거예요.

이윤석   최영은 그전부터 이성계를 끌어 주고 믿고 군사까지 믿고 맡겼는데, 졸지에 악인이 돼 버리네요.

류근   지금 보니까 무장에서 정치인으로 변신한 이성계의 모습이 이제 드러나는 거 같아요. 정치의 비정함이라는 것을 보여 주네요.

최원정 그래도 말 한마디로 반란을 대의로 바꾸고, 영웅을 역적으로 바꾸는 정치인으로서의 능력이 돋보이네요.

> † 최영이 우왕에게 말하기를, "지금 대군이 길에 올랐는데 만약 한 달을 지체한다면 큰일이 이루어지지 못할 것입니다. 신이 청하건대 가서 독려하겠습니다."라고 하였다. 우왕이 말하기를, "경이 가면 누구와 더불어 정사를 행하겠는가."라고 하였다.
> ― 『고려사절요』 우왕 14년(1388) 4월 18일

위화도회군, 이성계와 신흥 사대부의 합작품?

이익주 결국 이성계는 회군의 명분을 반역이 아니라 사직을 위한 것으로 내세웁니다.† 신흥 사대부들의 조언과 도움이 반드시 있었을 거라고 생각하게 하는 대목이죠. 실제로 위화도회군에 성공한 다음에 정도전이 성균관 대사성, 조준이 사헌부 대사헌이 되는데, 그 이후에 시행되는 신흥 사대부의 개혁 정치에서 성균관과 사헌부가 두 바퀴의 역할을 합니다. 이렇게 이성계를 통해 권력을 잡은 신흥 사대부들이 개혁해 나가는 모습만 봐도 회군 당시에 이미 신흥 사대부들과 이성계 사이에 제휴가 있었다고 볼 수 있죠.

최태성 이성계의 심리 상태를 짐작해 보면 위화도를 떠날 때 이중적인 마음이 있었던 거 같아요. 이미 신흥 사대부와 교감을 통해 한번 뒤엎을 수도 있는 가능성에 관한 얘기를 들은 거예요. 근데 그건 아니라는 마음으로 위화도 쪽으로 갔는데, 상황이 너무 안 좋은 거죠. 그래서 한번 해보자는 마음으로 돌아간 게 아닐까 합니다.

최원정 돌아가긴 돌아가야겠는데, 어차피 돌아가 군법으로 처벌받느니 명분을 만들어 한번 반란을 일으켜 보자는 심산이었네요.

신병주 사실 이성계는 출정을 계속 반대한 사람이에요. 그런 사람에게 가라고 한 거예요. 이성계로서는 일관성을 지킨 겁니다. 병사들의 희생이 뻔히 보이고, 이후에 벌어질 여러 가지 외교적 마찰

등이 파악되니 군사를 돌린 거죠. 물론 그 상황으로만 보면 반란이라는 형식이 맞지만, 결과적으로 정당성이 있는 회군으로 해석할 여지는 분명히 있습니다.

최원정 반란인지 혁명인지, 위화도회군을 두고 참 많은 논쟁을 벌여 왔는데, 위화도회군 이후 이 최영과 이성계는 어떻게 됐을까요?

† 태조가 최영에게 일러 말하기를, "이와 같은 사변은 내 본심이 아닙니다. 그러나 대의를 거스르는 것은 국가가 편안하지 못하고 백성들이 힘들게 되어 원망이 하늘까지 이르는 까닭에 부득이했던 것입니다. 잘 가십시오, 잘 가십시오."라고 하고 서로 마주보며 울었다.
— 『고려사절요』 우왕 14년(1388) 6월

위화도회군 이후

위화도에서 회군한 군대가 개경으로 들이닥쳤다.

이성계의 군대가 성 안으로 진입하자,
최영은 정예군을 앞세워 방어한다.

계속된 접전 속에 전세는 점차
최영에게 불리해지고……!

　　"퇴각하여 대궐을 사수할 것이다!"

최영의 후퇴와 함께 전투는 이성계의 승리로 끝이 난다.

　　"역도를 막지 못한 소신의 불충을
　　어찌해야 씻을 수 있으오리까.
　　폐하, 만수무강하시옵소서."

왕에게 하직 인사를 고한 뒤
이성계군에 끌려 나온 최영.

　　"내 하늘에 맹세코 회군한 것은
　　힘없는 병사와 백성들의 목숨을
　　살리려고 그렇게 한 것이오."

마침내 최영이 체포됐다.

이성계, 최영을 체포하다!

최원정 　최영이 체포됐어요.

이윤석 　정말 마음이 아프네요. 최영처럼 충성심과 애국심이 있는 장군이 흔치 않을 텐데, 결국은 저렇게 체포되네요. 아까 이성계가 매우 포용력이 있는 장수라고 말씀하셨는데, 굳이 최영을 이렇게 체포했어야 했을까요? 서로 방법은 달랐지만, 철령 이북의 땅을 지키겠다는 마음은 같았잖아요.

최태성 　이성계가 최영의 성격을 누구보다 잘 알았기 때문이 아닐까 하는 생각이 들어요. 최영이 어떤 사람입니까? 정말 강직하고 원칙을 지키려는 사람이잖아요. 근데 지금 이성계는 회군한 상황입니다. 그냥 회군이 아니라 군법과 왕명을 어긴 회군이죠. 이런 상황에서 이성계가 맨몸으로 순순히 개경으로 들어온다고 생각해 보세요. 최영은 어떻게 할까요? 당장 이성계를 잡아 참수해 군법의 위엄을 보였겠죠. 그게 최영에게는 당연한 일입니다. 최영이 그런 사람인 줄 뻔히 아는 이성계가 최영에게 화해의 손을 내밀 수 있을까요? 그건 아닌 거 같아요.

류　근 　실제로 전투를 벌이던데, 이때는 최영에게는 군사가 얼마쯤 있었던 거예요?

이익주 　3000명 정도 있었을 겁니다. 개경을 지키던 최소한의 병력이죠. 거의 고려의 전 군사력을 모아 요동을 공격했기 때문에 회군한 이성계의 군대를 막을 만한 병력은 있을 수가 없었습니다.

류　근 　이성계로서도 자기가 살기 위해서 한 어쩔 수 없는 선택이었을 테니, 회군을 결정하는 순간에 이미 돌이킬 수 없는 운명의 칼끝이 최영에게 향했다고 봐야 할 거 같아요.

명의 철령 이북 땅 요구, 그 결과는?

최원정 저는 지금 이 순간에도 명에서 요구한 철령 이북 땅이 걱정되네요. 이렇게 되면 이제 명 쪽이 갖는 건가요?

이익주 실은 최영의 주장으로 요동을 공격하기 전에 박의중[2]이라는 사람을 명에 보내 철령위 설치가 부당하다는 점을 설득합니다. 그런 와중에 1388년 4월 18일에 고려 군대가 출병하는데, 마침 같은 날 명 조정에서는 태조 주원장이 "고려가 말한 대로라면 몇 개의 주를 모두 고려에 귀속해 주어야 할 것 같다."라고 하며 한 걸음 물러서는 태도를 보입니다. 그러니까 고려는 이런 사실을 모르고 군대를 보낸 거죠. 한편 고려가 출병했다는 소식을 들은 명에서는 고려를 공격하려는 계획이 수립되는데, 그러다가 고려군이 회군했다는 소식이 들리자 고려 공격 계획을 중단합니다. 그리고 그 지역은 고려 땅이 맞다고 인정하며 더는 철령위를 문제 삼지 않겠다는 뜻을 보이죠. 그 당시에 명으로서도 고려의 공격이 상당히 부담이 되는 상황이었는데, 이성계의 회군이 명의 고민을 해결해 준 결과를 가져온 겁니다.

최태성 이때 SNS가 있었다면 주원장과 그 신하들이 논의한 내용을 토대로 박의중이 바로 최영에게 '외교 협상 성공'이라고 알리면 참 좋았을 텐데 말이죠.

이윤석 만에 하나 요동에서 한판 붙었더라도 북원과 협공하는 카드도 남아 있으니, 한번 해볼 만한 정벌이 아니었을까요?

신병주 고려에서 요동 정벌에 나선 4월쯤이 되면 이미 북원은 사실상 영향력을 잃은 상태였으니까 북원과 협공하는 카드 자체도 별로 소용이 없었을 겁니다.

이윤석 북원 카드가 사라졌다고 해도, 87전 87승의 최영이 직접 출정했다면 어땠을까요? 그래도 어려웠을까요?

大
明
太
祖
高
皇
帝

명 태조 주원장

이익주 저는 성공했을 수도 있다고 봅니다. 문제는 지키는 데 너무나 많
은 힘이 들었을 것이라는 점이죠. 실은 이성계는 훨씬 전에 요동
의 심양까지 공격해 동녕부를 점령해 본 적이 있습니다. 그런데
그때도 그 지역을 고려의 영토로 편입하기 보다는 그곳에 끌려
가 살던 고려 사람들을 가려내 데리고 오는 것으로 만족합니다.
실제로 일어난 일이 아니니 정확히는 모르겠습니다만, 그 이후
명의 국력이 강성해지는 걸로 봐서는 요동을 점령하더라도 지키

기는 대단히 어려웠을 것이라는 생각이 듭니다. 그렇다면 최영이 그 당시 국제 정세에 다소 둔감했던 것이 아닌가 하는 생각도 해 볼 수가 있겠습니다.

이윤석 그래도 싸워는 봤는지, 지키려고 노력은 해 봤는지 생각하면 참 아쉽습니다.

이익주 맞습니다. 하지만 반대로 최영의 주장대로 요동을 공격했다면 명이 그렇게 쉽게 철령 이북 땅을 포기했을까 하는 생각도 한번은 해 볼 필요가 있어요.

최영, 사형을 선고받다

1388년, 최영에게 사형이 선고됐다.

최영은 형장으로 가면서도
말씨나 얼굴빛이 전혀 흔들리지 않았다.

> "한순간이라도 사사로이 욕심을 품었다면
> 내 무덤에서 풀이 자랄 것이로되,
> 하늘을 우러러 한 점 부끄럼도 없다면
> 풀이 나지 않을 것이외다."

일흔 셋의 나이로 최후를 맞이한 최영.
그가 죽자 개경 사람 모두 장사를 접고,
보는 이마다 눈물을 흘렸다.

한때 고려의 국민 영웅으로 칭송받았던
최영의 씁쓸한 최후였다.

최영의 묘

최영의 마지막

최원정 73세를 일기로 최영이 생을 마감했습니다.

신병주 마지막 말이 매우 인상적이지 않습니까? "내가 평생 악한 짓을 하지 않았다. 내가 이렇게 죄 없이 죽는 것을 안다면 내 무덤에 는 풀 한 포기 나지 않을 것이다." 최원정 아나운서와 최태성 선 생님은 "최씨 앉은 자리에 풀 한 포기 안 난다."라는 말 많이 들 어 보셨죠?

최원정 최씨라는 이유로 그 얘기를 평생 들어 왔어요. 얼마나 고집이 세 면 네가 앉은 자리에는 풀도 안 나겠냐고 하더라고요.

류근 원래 최 고집 유명하잖아요.

신병주 최 고집이라는 말이 사실은 최영 때문에 생겼다는 얘기도 있죠.

류근 제가 듣기로는 최영의 묘가 경기도 고양시에 있는데, 실제로 풀 이 안 났다고 해요. 무덤을 덮은 흙이 붉어 붉을 적(赤) 자를 써 서 적분으로 불린다는데,† 다만 지금은 풀이 난답니다. 왜냐하면 1970년대 중반부터 사초³를 했다고 하네요. 근데 그전까지는 진짜로 풀이 안 났다는 게 신기하지 않습니까?

이윤석 최영으로서는 좀 억울하지 않았을까 하는 생각이 드는 게, 적어도 최영은 자기 자신만을 위해 산 사람은 아니었던 거 같아서입니다. 정말 자부심도 있고 충성스러운 무장이잖아요. 뇌물을 받았다거나 권세를 이용해 백성들을 괴롭혔다는 기록도 없고요. 요동 정벌 문제 하나 때문에 결국에는 죽음에 이르렀다는 것은 좀 과하지 않은가 하는 생각도 듭니다.

이익주 사람이 살면서 한 가지도 잘못하는 일이 없기는 정말 어려운 것 같습니다. 역사적 평가도 그에 따라 달라지는데, 최영은 반대하는 중론을 물리치고 요동 공격을 독단적으로 결정했죠. 이 결정은 나라 전체를 전쟁터로 만들 수 있으므로 대단히 중대한 문제입니다. 그래서 윤소종이라는 사람이 이렇게 말합니다. "최영은 공은 한 나라를 덮었고, 죄는 천하에 가득 찼다." 촌철살인이라는 말이 있죠? 최영에 대한 이 평가는 정말 공감되는 부분이 있습니다.

최태성 그래도 최영이 사망했을 때 백성들이 정말 많이 슬퍼해요. 기록을 보면 이렇게 나와 있어요. "그가 죽자 백성들은 시장을 열지 않았고, 이 소식을 들은 사람은 모두 눈물을 흘렸다. 주검을 거리에 내다 버렸는데, 그 곁을 지나던 길손이 모두 말에서 내려 지나갔다." 존경을 표시한 거죠.

신병주 한 인물에 대한 평가는 죽었을 때를 보면 가장 정확할 수도 있죠. 연산군 시절에 국정을 농단한 장녹수라는 인물이 있어요. 장녹수는 중종반정이 일어났을 때 처형당하는데, 백성들이 그 시체에다 기왓장과 돌멩이를 하도 던져 거의 무더기를 이루었다고 합니다. 그러면서 사람들이 저주하기를, "나라의 고혈이 여기에서 다 나왔다."라고 하거든요. 이런 사례와 대비해 봐도, 최영의

최영 초상 청주 기봉영당에서 소장 중인 최영의 초상.
민간에서 무속의 신이 된 최영의 면모를 볼 수 있다.

죽음은 그래도 많은 사람에게 정말 존경받는 사람다운 죽음이었
다고 볼 수 있죠.

류근 생각해 보면 역사 속에서는 최영이 비록 졌지만, 그래도 민중 속
에서는 꼭 패자만은 아닐 수 있겠다는 생각이 들기도 합니다.

> † 나중에 사형을 당할 때 말하기를, "내가 평생에 악업을 지은 것이 없으나, 다
> 만 임견미와 염흥방을 주멸한 것이 지나친 처사였을 뿐이다. 만약 내가 어떤 탐
> 욕의 마음을 가졌다면 나의 무덤에 풀이 날 것이요, 그렇지 않다면 풀이 나지
> 않을 것이다."라고 하였다. 최영의 무덤은 고양에 있는데, 지금껏 붉은 흙이 드
> 러나서 단 한 줌의 풀도 없다. 그래서 세상 사람들이 이를 '붉은 무덤[紅墳]'으로
> 부른다.
> ―『임하필기』

역사의 승자와 패자, 그 결정적 이유

최원정 요동 정벌이 두 명장의 운명을 갈랐다고 볼 수 있을 텐데, 그렇다면 최영은 왜 실패했고, 이성계는 왜 성공했을까요?

이윤석 이성계는 유턴도 했지만, 최영은 직진만 했다는 차이가 아닐까 합니다. 회군도 회군이지만, 인생 자체가 좀 유연했던 이성계에 비해 최영은 너무 강직해 지나치게 직진만 한 건 아니었을까요?

류근 이성계에게는 새로운 시대에 관한 전망과 철학에다 특히 정도전을 비롯한 신흥 사대부라는 동지가 있었던 반면에, 최영에게는 국가에 대한 충정은 있었을지 몰라도 수구적 가치에 매몰돼 시대의 변화하는 에너지를 감지하지 못했던 게 아닌가 하고 생각하게 돼요.

이익주 저는 최영이나 이성계 모두 훌륭한 인물이라고 생각합니다. 그런데 최영에게는 아쉬운 점이 있습니다. 최영은 개인적으로는 참 청렴한 사람이었지만, 자기 개인의 청렴함이 사회적으로 어떤 의미를 갖는지는 생각하지 못했죠. 그랬기 때문에 최영 개인은 청렴했지만, 공민왕 때는 개혁의 걸림돌이 되었고, 우왕 때는 이인임의 불법행위를 눈감아요. 사회가 구조적으로 부패해 가는 것을 막지 못한 거죠. 어쨌든 최영의 죽음으로 고려를 지킬 수 있는 사람이 이제는 거의 사라집니다. 이때부터 고려가 멸망의 길로 접어드는데, 고려 왕조로서는 고려의 마지막 버팀목이 된 최영에게 국제적인 감각과 사회 변화에 관한 안목 같은 것이 없었다는 것이 참 안타까운 일이었다고 할 수 있겠습니다.

2 충선왕, 아버지의 왕위를 빼앗다

1 『자치통감(資治通鑑)』: 중국 송의 사마광이
영종의 명에 따라 펴낸 중국의 편년서. 주
위열왕에서 후주 세종에 이르기까지 113왕
1362년간의 역대 군신의 사적을 편년체로
엮은 것으로, 정사(正史) 외의 풍부한 자료
와 고증을 첨가했다. 1065~1084년에 간행
되었다. 294권.

2 정가신(?~1298): 고려 충렬왕 때의 문신. 초
명은 흥(興). 자는 헌지(獻之). 감찰대부와
첨의중찬 등을 지냈다. 전고(典故)에 밝고
문장에 능해 많은 사명(辭命)을 지었으며,
저서로 『천추금경록(千秋金鏡錄)』이 있다.

3 인트라넷(intranet): 인터넷을 이용해 일정 지
역 내에서 정보를 교환하거나 공동 작업을
하기 위해 구축한 통신망.

4 이제현(1287~1367): 고려 말기의 문신이자
학자. 초명은 지공(之公). 자는 중사(仲思).
호는 역옹(櫟翁)과 익재(益齋). 벼슬은 문하
시중에 이르렀으며, 당대의 명문장가로 정
주학의 기초를 닦았다. 왕명으로 실록을 편
찬했고 원의 서예가 조맹부의 서체를 고려
에 도입해 유행시켰으며, 고려의 민간 가요
17수를 한시로 번역했다. 저서로 『익재집』과
『역옹패설』, 『익재난고』가 있다.

3 기황후, 공민왕을 세우다

1 『불랑국헌마도권(佛郞國獻馬圖卷)』: 교황이
원 순제에게 프랑스의 말을 선물한 것을 기
념하고자 원의 화가 주랑이 그린 그림.

2 유밀과(油蜜菓): 밀가루 반죽이나 쌀가루 반
죽을 적당한 모양으로 빚어 바싹 말린 후에
기름에 튀기어 꿀이나 조청을 바르고 튀밥
과 깨 등을 입힌 과자.

3 페이드아웃(fade-out): 영화나 텔레비전에
서, 화면이 처음에 밝았다가 점차 어두워지
는 일.

4 노비의 아들 신돈, 공민왕의 사부가 되다

1 이색(1328~1396): 고려 말기의 문신이자 학
자. 자는 영숙(穎叔). 호는 목은(牧隱). 중국
의 원에 가서 과거에 급제하고, 귀국해 우대
언(右代言)과 대사성 등을 지냈다. 삼은(三
隱)의 한 사람으로, 문하에 권근과 변계량
등을 배출해 학문에 큰 발자취를 남겼다. 조
선이 개국한 후 태조가 여러 번 불렀으나 절
개를 지키고 나가지 않았다. 저서로 『목은시
고(牧隱詩藁)』와 『목은문고(牧隱文藁)』 등이
있다.

5 이인임, 공민왕 시해 사건을 수사하다

1 백문보(?~1374): 고려 말기의 문신. 자는 화
부(和夫). 호는 담암(淡菴). 숭불 정책이 나
라에 미친 폐단을 논하고, 주자학을 받들 것
등을 건의했다. 『동문선』에 몇 편의 글이 수
록되어 전한다.

2 경복흥(?~1380): 고려 공민왕 때의 재상. 반
신(叛臣) 기철을 죽인 공로로 일등 공신이
되었다.

3 염흥방(?~1388): 고려 우왕 때의 권신. 자
는 중창(仲昌). 호는 동정(東亭). 홍건적의 난
때에 개경을 수복한 공으로 제학(提學)에 올
랐다. 매관매직을 자행하고 토지와 노비를
강탈해 양민을 괴롭히다가 처형되었다.

6 왜구 침공: 고려, 계엄을 선포하다

1 진수군(鎭戍軍): 고려 말기에 변방의 요충지

에 주둔하던 군대. 주로 왜구의 침입에 대비
해 각 해안 지방의 방위를 맡아보았다.

2 도순문사(都巡問使): 고려 시대에 임시로 지
방에 파견하던 경관직 벼슬아치. 공양왕 원
년(1389)에 도절제사로 바뀌면서 주(州)와
부(府)의 장관 임무를 겸하게 되어 외관직이
되었다.

7 최영, 이성계와 손을 잡다

1 『목은집(牧隱集)』: 고려 말의 문인 이색의 유
고집. 손자 이계전이 시만 뽑아 6권으로 편
찬한 것을, 조선 인조 4년(1626)에 후손 이
덕수가 증보해 간행했다. 내용은 시고(詩稿)
35권과 문고(文稿) 20권이며, 책머리에 연보
와 행장이 있다. 55권 25책의 인본(印本).

2 박의중(1337~1403): 고려 말기의 문신. 자
는 자허(子虛). 호는 정재(貞齋). 우왕 때에
밀직제학으로 명나라와 교섭을 벌여 철령위
를 철폐했으며, 공양왕 때에 한양 천도를 반
대해 음양설의 허황함을 역설했다. 조선 왕
조에 들어와서 『고려사』를 편찬했다. 저서로
『정재집』이 있다.

3 사초(莎草): 무덤에 떼를 입혀 잘 다듬는 일.

이 책에 도움을 주신 분들

류근　　　시인. 중앙대학교 문예창작학과 및 같은 학교 대학원 문예창작학과를 졸업했고, 1992년에 《문화일보》 신춘문예로 등단했다. 저서로 『상처적 체질』과 『사랑이 다시 내게 말을 거네』, 『싸나희 순정』, 『어떻게든 이별』, 『함부로 사랑에 속아주는 버릇』이 있다.

박금수　　　사단법인 전통무예십팔기보존회 사무국장 및 서울대학교 체육교육과 강사, 충북국제무예액션영화제 운영위원. 서울대학교 전기공학부 및 같은 학교 대학원 체육교육과를 졸업했다. 「조선 후기 무예와 진법의 훈련에 관한 연구」로 박사 학위를 받았으며, 주요 논문에 「조선 후기 공식무예의 명칭 십팔기에 관한 연구」 등이 있고, 저서로 『조선의 武와 전쟁』이 있다.

이광용　　　KBS 아나운서. 연세대학교 사회학과를 졸업했다. 「스포츠 하이라이트」와 「걸어서 세계속으로」, 「이광용의 옐로우카드」, 「토론쇼 시민의회」 등을 진행했으며, 2018 러시아 월드컵 메인 캐스터로 활약했다.

이윤석　　　개그맨. 연세대학교 국문학과를 졸업하고, 중앙대학교 신문방송학과에서 박사 학위를 취득했다. 경기대학교 엔터테인먼트경영대학원 겸임 교수를 거쳐 현재 서울예술전문학교 학부장을 맡고 있다. 1993년 MBC 개그 콘테스트에서 금상을 받으며 개그계에 입문한 뒤 그해 MBC 「웃으면 복이 와요」에서 개그맨 서경석과 콤비를 이룬 코너로 전 국민의 사랑을 받았다. 이후 MBC 간판 예능 프로그램인 「일요일 일요일 밤에」, KBS 「쾌적 한국 미수다」 등에 출연하였다. 1995년 MBC 방송연예대상 신인상, 2004년 MBC 방송연예대상 쇼 버라이어티 부문 우수상, 2005년 MBC 방송연예대상 코미디 시트콤 부문 최우수상을 받았다.

이해영　　　영화감독 및 시나리오 작가. 서울예술대학교 광고창작학과를 졸업했다. 「품행제로」와 「아라한 장풍 대작전」 등의 각본을 썼으며, 연출한 작품으로는 「천하장사 마돈나」와 「페스티발」, 「경성학교: 사라진 소녀들」, 「독전」 등이 있다.

역사저널

그날

고려 편 4권

충렬왕에서 최영까지

1판 1쇄 찍음   2019년 6월 17일
1판 1쇄 펴냄   2019년 6월 24일

지은이   KBS 역사저널 그날 제작팀
발행인   박근섭, 박상준
책임편집   이황재
펴낸곳   (주)민음사
출판등록   1966. 5. 19. (제16-490호)
주소   서울특별시 강남구 도산대로1길 62
              강남출판문화센터 5층 (우편번호 06027)
대표전화   02-515-2000 │ 팩시밀리 02-515-2007
홈페이지   www.minumsa.com

ISBN 978-89-374-1713-9 (04910)

      978-89-374-1700-9 (세트)